COSTA RICA

ET

SON AVENIR

PAR

Paul BIOLLEY

Licencié ès lettres, professeur au lycée de San José de Costa Rica,
membre correspondant de la Société des Sciences naturelles de Neuchâtel en Suisse,
membre correspondant de la Société Neuchâteloise de géographie, etc.

ÉTUDE ACCOMPAGNÉE D'UNE CARTE EN COULEURS

dessinée et corrigée

Par F. MONTESDEOCA

*Ex labore spes
et fortuna.*

HOMMAGE

PARIS

A. GIARD, LIBRAIRE-ÉDITEUR

16, Rue Soufflot, 16.

1889

COSTA RICA

ET

SON AVENIR

COSTA RICA

ET

SON AVENIR

PAR

Paul BIOLLEY

Licencié ès lettres, professeur au lycée de San José de Costa Rica,
membre correspondant de la Société des Sciences naturelles de Neuchâtel en Suisse,
membre correspondant de la Société Neuchâteloise de géographie, etc.

ÉTUDE ACCOMPAGNÉE D'UNE CARTE EN COULEURS

dessinée et corrigée

Par **F. MONTESDEOCA**

*ex labore spes
et fortuna.*

PARIS

A. GIARD, LIBRAIRE-ÉDITEUR

16, Rue Soufflot, 16

1889

INTRODUCTION.

Le nom de Costa Rica n'évoque, d'ordinaire, chez l'Européen, même arrivé à un certain degré de culture, qu'une idée excessivement vague de petite république, située quelque part en Amérique et produisant, — si tant est qu'on le sache, — un café assez haut coté sur le marché. Les traités de géographie ou les dictionnaires fournissent, tout au plus, le nom de la capitale et une indication souvent erronée sur le nombre des habitants. Quant aux ouvrages spéciaux, ils sont rares et si enfouis dans la poussière des bibliothèques que bien peu de personnes arrivent à pouvoir les consulter. Plusieurs de ces ouvrages ont été écrits, d'ailleurs, il y a un assez grand nombre d'années et n'offrent que des renseignements très insuffisants à l'heure actuelle.

Costa Rica, cependant, mérite d'être connu. En Europe, on croit généralement que les républiques centro-américaines sont des pays plongés dans un état de somnolence et d'inertie dont rien ne les sortira de longtemps encore. On se les représente aussi comme le théâtre de révolutions intestines incessantes, en proie à l'instabilité gouvernementale et à l'insécurité générale. Rien de plus faux que ces appréciations basées sur l'ignorance des faits. La modeste étude que nous présentons aujourd'hui au public donnera, — nous aimons à le croire, — une idée plus juste de Costa Rica. Depuis plusieurs années, tout y est vie et progrès ; la marche en avant s'y accomplit chaque jour d'une manière remarquable et ce petit pays est arrivé à un état de culture et de civilisation que certaines grandes nations pourraient justement lui envier.

C'est surtout maintenant, quand l'heure semble être à l'envahissement du monde par le trop plein de l'Europe, quand l'émigration devient un véritable besoin et une nécessité sociale, qu'il importe de dissiper les vieux préjugés, en faisant connaître un pays digne de l'attention de ceux qui pensent sérieusement à se créer une nouvelle patrie.

Nous n'écrivons pas ici un panégyrique menteur, nous ne présentons pas Costa Rica comme un Eldorado ou une terre promise ; nous ne donnons qu'un court résumé contenant tous les éléments d'appréciation les plus sérieux. Un séjour de plusieurs années dans ce pays, la collaboration de personnes dignes de toute confiance, le soin que nous avons pris de nous entourer des renseignements les plus nouveaux et les plus sûrs, les chiffres ou les termes de comparaison que nous fournissons à chaque instant produiront, nous l'espérons, dans l'esprit du lecteur, la conviction que notre travail, quoique forcément très court, est bien l'expression de la vérité.

PAUL BIOLLEY.

CHAPITRE Ier.

LE PAYS

1. Topographie. — La République de Costa Rica est située dans l'Amérique centrale, entre la Colombie et le Nicaragua ; elle s'étend du 8e au 11e degré parallèle de latitude nord. Le 10e parallèle passe par Limon et un peu au nord de Puntarenas, les deux principaux ports du pays, l'un sur l'Atlantique, l'autre sur le Pacifique, et traverse la région du plateau central, où s'est portée la grande masse de la population.

Du côté du Nicaragua, le fleuve San Juan et la rive du lac de Grenade jusqu'à la rivière Sapoa, indiquent d'une manière générale les **confins** du pays. Cependant, en vertu du traité de 1858, le Nicaragua possède, sur la rive droite du fleuve et du lac, une bande de terre de deux milles anglais (un peu plus de trois kilomètres de largeur), depuis l'embouchure du Sapoa jusqu'à un point éloigné de trois milles anglais en aval du Castillo Viejo, ancien fort sur le San Juan. La validité de ce traité, longtemps contestée, a été définitivement établie à la suite d'une décision arbitrale du président des États-Unis. A l'ouest, de la rivière Sapoa au Pacifique, la démarcation est indiquée par une ligne droite aboutissant au centre de la baie de Salinas.

La question des frontières méridionales n'est pas encore résolue entièrement. La Colombie se refuse à admettre comme limite définitive la ligne qui part de Punta Burica, sur le Pacifique et aboutit à l'île appelée Escudo de Veragua, dans l'Atlantique; elle élève des prétentions sur une partie des territoires que Costa Rica a toujours considérés comme siens. Le roi d'Espagne, S. M. Alphonse XII, devait décider la question comme arbitre ; la mort a empêché le prononcé du jugement et « *adhuc sub judice lis est* ». Il y a tout lieu de croire, néanmoins, que l'on reconnaîtra Costa Rica comme véritable possesseur des terrains en litige. L'évidence de ses droits a été admirablement mise en lumière par les importantes publications de son ministre en Europe, M. Manuel M. de Peralta (1).

Les **côtes** de l'Atlantique sont unies et formées de coraux; celles du Pacifique sont, au contraire, découpées et sablonneuses. On peut évaluer l'étendue des premières à 350 kilomètres et celles des secondes à 470.

Les principales **presqu'îles**, toutes sur le Pacifique, sont celles de Dulce et de Nicoya, séparées de la côte par les **golfes** du même nom. Le golfe de Nicoya, le plus connu, est rempli d'îles ; celle de Chira, assez importante comme éten-

1. D. Manuel M. de Peralta, *Costa Rica, Nicaragua y Panama en el siglo XVI*. Paris, Ferrer, 1883. — *Costa Rica y Colombia de 1573 à 1881*, Paris, Leroux, 1886.

A consulter aussi les tomes IV et V des « *Documentos para la historia de Costa Rica*, » Paris, Dupont, 1886, publiés par D. Léon Fernandez, et, pour la question d'arbitrage entre Nicaragua et Costa Rica, le « *Rapport* » et la « *Réplique au mémoire du Nicaragua*, » présentés par D. Pedro Perez Zeledón au Président des Etats-Unis.

due et celle de San Lucas, qui sert de lieu de déportation, méritent une mention spéciale. La petite île de Coco, située à 300 kilomètres des terres, eut pendant quelque temps la même destination que San Lucas. Autrefois elle servait de lieu de refuge aux célèbres boucaniers. La côte de l'Atlantique ne forme pas de presqu'îles proprement dites et n'a qu'une petite île, celle d'Urita, en face de Port Limon.

On évalue la **superficie** du pays à 60,000 kilomètres carrés (1) ; elle est donc plus de deux fois celle de la presqu'île du Jutland, et supérieure d'un tiers à celle de la Suisse. Disons tout de suite que Costa Rica n'a guère plus de 200,000 âmes, ce qui donne une proportion presque exacte de 4 habitants, par kilomètre carré.

2. Orographie. — L'étude des montagnes de Costa Rica èst encore à faire dans son ensemble. Frantzius, Oersted, Hoffmann, Seebach, Scherzer et Wagner, Gabb enfin ont décrit quelques parties du pays, mais leurs travaux ne suffisent pas pour donner une idée nette du système orographique costaricien. Nous devons à M. le professeur H. Pittier la plupart des renseignements généraux qui vont suivre. (2).

Tout d'abord, il faut repousser absolument l'ancienne idé d'une Cordillère unique qui parcourrait l'Amérique entière depuis le détroit de Behring jusqu'aux confins de la Patagonie. Il est prouvé, en effet, que les montagnes de l'Amérique centrale sont de formation plus récente que les chaînes des

1. On trouve quelquefois indiqué 51,760 k. c., parce qu'on ne compte pas le territoire occupé par la Colombie.
2. Boletin del Instituto meteorologico, année 1888.

deux grands continents. Sans vouloir entrer dans trop de
détails, nous ajouterons qu'il paraît également naturel de
considérer le système montagneux qui s'étend entre les
isthmes de Brito et de Panama et auquel appartiennent les montagnes de Costa Rica, comme formant un groupe à part, dans
l'ensemble des Cordillères centro-américaines.

Les chaînes qui composent le groupe costaricien s'étendent
à peu près du Pic Chiriqui, aux montagnes voisines de la baie
de Salinas et de la ville nicaraguaise de Rivas. Elles paraissent constituées par des masses volcaniques, ou du moins
éruptives, entourées de formations sédimentaires qui s'élèvent plus ou moins haut, et ont un développement plus ou
moins considérable, suivant les localités. Quoique la géologie
du pays soit très peu connue, la présence des dépôts sédimentaires est prouvée par les carrières de chaux et les fossiles
recueillis sur divers points du pays.

On peut diviser le système costaricien en deux groupes
distincts, séparés par les vallées du Rio Reventazon et du
Rio Grande. Du côté N. O. s'étend la Cordillère volcanique; du
côté S. E. un ensemble de montagnes qu'on peut désigner
sous le nom de Cordillère de Talamanca. A une époque très
éloignée un bras de mer séparait ces deux groupes. L'étude
géologique de la vallée du Reventazon et du sous-sol du plateau ne peut manquer de confirmer un jour cette assertion.

Quoi qu'il en soit, la chaîne la plus importante est la
Cordillère volcanique, entièrement formée de roches
éruptives, et divisée en deux grands groupes. Le premier
commence à la frontière N. E. et se dirige au S. E.,

presque en ligne droite, pour aboutir au Mont Aguacate, riche en mines d'or. Ses principales sommités volcaniques sont l'Orosi, le Rincon de la Vieja, le Miravalles et le Tenorio, tous volcans plus ou moins en activité. Viennent ensuite le Cerro de Tilaran, groupe de montagnes peu connues, et la masse porphyrique du Mont Aguacate qui ferme le plateau central du côté de l'ouest.

Le second groupe forme trois massifs : celui du Poas qui comprend le volcan et les « cerros » de ce nom, celui de Barba, séparé du précédent par la dépression du Desengaño, puis un peu au S. E. et au-delà de la profonde coupure de la Palma, celui de l'Irazu, composé de deux sommités : l'Irazu et le Turialba.

Tous ces **volcans**, à l'exception du Barba, qui paraît complètement éteint, présentent encore des signes d'activité. De temps en temps on constate, surtout à la fin et au commencement de la saison des pluies, de petites éruptions accompagnées de mouvements du sol sans grande importance. Les **tremblements de terre** ont cependant, quoique rarement, causé quelques grands désastres dans le pays. Parmi les faits les plus récents, citons la destruction de la ville de Cartago, au pied de l'Irazu, en 1841. Une forte secousse, résultant, sans doute, d'un redoublement d'activité du Poas et de l'Irazu, a causé de sérieux dégâts sur tout le plateau central à la fin de décembre de l'année dernière. D'une manière générale, on peut affirmer cependant que les mouvements violents du sol sont, à Costa Rica, de rares exceptions, et ne rappellent en rien les cataclysmes que l'histoire a enregistrés dans la partie andine de l'Amérique du sud et dans le nord de l'Amérique centrale.

L'aspect des volcans costariciens est des plus magnifiques. Vus du plateau, qui s'élève lui-même à une hauteur d'environ 1000 mètres, ils apparaissent comme des montagnes peu hautes relativement. Ce sont des dômes coupés, boisés, à partir d'une certaine hauteur, jusqu'à leur sommet. Rien en eux ne ferait deviner le volcan, si ce n'est parfois la ligne d'une ancienne bouche encore visible au sommet de la montagne. Les cratères actuellement en activité se trouvent, en général, sur le versant nord de la chaîne volcanique, et il y a loin des légères vapeurs, qui montent parfois du Turrialba, aux panaches de fumée que certains voyageurs ont décrits, par amour du pittoresque.

L'ascension de l'Irazu, sommet principal de la chaîne volcanique (3413ᵐ) (1) est une promenade que tout le monde peut faire sans difficulté. De Cartago, qui se trouve au pied de la montagne, les chevaux arrivent jusqu'à la cime même du volcan en 6 heures environ. Quand le temps est clair, la beauté du spectacle compense amplement les légères fatigues du voyage. On a tout d'abord devant les yeux un immense cirque de rochers, de plus de 1,000 m. de diamètre. C'est une des anciennes bouches du volcan. Au fond de ce premier cratère, envahi par les eaux pendant une longue période de calme, deux autres plus petits se sont successivement formés. Le plus ancien de ces deux entonnoirs, de date récente, est déjà rempli d'herbes et de buissons ; l'autre présente encore trois cheminées, dont deux en partie comblées. La troisième exhalait des vapeurs sulfureuses, il y a peu de

1. Boletin del Instituto meteorologico. Anno de 1888.

temps ; aujourd'hui cependant elle ne donne plus le moindre signe d'activité. Aucun des volcans costariciens n'a rejeté des laves pendant la période historique.

De la cime de l'Irazu, le voyageur, après avoir admiré les cratères, reporte avec plaisir ses regards au loin, sur le plus magnifique des panoramas. De quelque côté qu'il se tourne, c'est un enchantement des yeux qui naît de la contemplation des collines vertes où les cultures variées mettent des teintes diverses, des ravissantes vallées, des riches cultures du plateau, arrosé par des rivières aux capricieux méandres, et puis, enfin, des masses sombres des hautes montagnes dont les derniers sommets vont se fondre au loin dans l'intense azur du ciel. Quand l'atmosphère est très pure, on voit les deux Océans, l'Atlantique et le Pacifique, à moitié confondus avec la ligne de l'horizon. Si le temps est brumeux, le spectacle est moins riant, mais tout aussi grandiose. A chaque coup de vent, qui fréquemment balaie les nuages, on a devant soi comme une mer de brouillards dont les ondes moutonnées battent les flancs sombres de la montagne. En toute saison, on évitera de passer la nuit au sommet du volcan, car, à l'aube, le thermomètre descend parfois jusqu'à zéro degré centigrade et au-dessous.

L'Irazu donne toujours des signes d'activité sur son versant nord criblé de fumeroles, et où naissent des sources d'eau bouillante ; cependant comme il est difficile d'approcher de cet endroit, la plupart des visiteurs quittent le volcan, sans se douter que le géant est à peine endormi, et que, quelque part, sur ses flancs, on constate sa respiration puissante.

Le volcan de Turrialba, très voisin de l'Irazu et situé un peu au N.-E., a été considéré pendant longtemps comme inaccessible. Von Seebach est le premier savant qui soit arrivé assez près du cratère en 1864; malheureusement une violente éruption de fumée et de pierres l'empêcha de gravir le cône supérieur. De nos jours l'ascension se fait facilement, grâce à un chemin que deux grands propriétaires de terrains ont ouvert sur les flancs de la montagne. M. le professeur H. Pittier en donne une description plus exacte que toutes celles qui ont été publiées jusqu'à ce jour ; il en mesure la hauteur, (3358 m.). (1)

Les massifs de Barba (2833 m.) et du Poas (2644 m.) sont moins abordables, à cause du manque de chemins. On parvient cependant à leur cime en se frayant à grands coups de *machete* un passage à travers les arbres et les plantes grimpantes qui forment le sous bois des grandes chênaies. Contrairement à ce qui a été affirmé, on rencontre aussi, sur les versants de ces volcans deux espèces de conifères. Au sommet du Poas se trouve un petit lac dont l'eau bleue dort tranquillement et baigne des rives charmantes. C'est un ancien cratère. Tout près on en voit un autre, au fond duquel une eau boueuse et fortement chargée d'acide sulfurique bouillonne constamment. Quand le volcan est dans une de ses périodes de grande activité, une colonne liquide, de couleur sombre s'élève par moments de la nappe liquide, accompagnée de gros bouillons de vapeurs, puis retombe lentement, tandis que, du fond du cratère, montent des bruits sourds et prolongés. L'éruption de ce geyser est un des plus beaux spectacles qu'on puisse contempler ; seulement le phénomène ne se reproduit pas

1. *Boletin del Instituto meteorologico.* Anno de 1888.

toujours avec la même intensité. C'est après le dernier tremblement de terre de 1888 qu'il a été le mieux constaté. On a
vu en effet, à cette époque, la colonne d'eau atteindre jusqu'à
70 m. de hauteur.

On se ferait une idée fausse des montagnes dont nous venons de parler, en se les représentant comme des massifs complètement boisés. Les forêts ne commencent guère qu'à une
hauteur de 2000 m. et. à cette altitude, on cultive encore la
pomme de terre et, le maïs. Le gouvernement a même dû
prendre récemment des mesures contre le déboisement des
versants de la Cordillère volcanique ; ce déboisement exagéré
aurait changé à bref délai les conditions climatériques de la
partie la plus habitée du pays.

Les **petites chaînes** qui bordent le plateau central au sud
sont connues sous les noms de Cerro Turrubales, Cerro Puriscal et Cerro de la Candelaria. Plus à l'est, dans des régions
encore incultes et presque désertes, se trouvent le Cerro de
las Cruces et les montagnes de Dota qui tournent au sud et
se continuent dans les Cordillères de Talamanca. Orientés du
côté du plateau, les contreforts des premiers massifs, que
nous avons cités, sont couverts de plantations de maïs jusqu'à
leur sommet et sont de formation mixte, en partie éruptive,
en partie sédimentaire. On trouve en effet des porphyres sur
leurs cimes, mais leurs versants sont formés de roches calcaires exploitées pour la fabrication de la chaux. Les montagnes de Talamanca et de Dota, peu explorées, renferment
quelques sommets importants : la Laguna, le Cerro Chirripo, le Monte Lion, l'Ujum, le Pico Blanco ou Kamuk
(2914 m.) (1), le Róvalo. Aucune de ces cimes ne doit être con

1. W. Gabb.

sidérée comme volcanique, si l'on s'en rapporte à Gabb, le principal explorateur de cette partie du pays. Le doute subsiste au sujet de la montagne de Dota dont une lagune cratérique occuperait la cime, au dire de ceux qui en ont fait l'ascension. Cette montagne d'ailleurs, vue de l'Irazu, a l'aspect d'un pic volcanique.

On a quelquefois appelé Costa Rica, la Suisse de l'Amérique centrale à cause de l'aspect pittoresque que présentent les montagnes qui entourent son plateau, surtout celles de la chaîne volcanique. C'est bien la Suisse si l'on veut, mais la Suisse jurassique, car les paysages costariciens n'ont rien de la beauté grandiose et sévère des sites alpestres. Les montagnes du Jura, aux cimes plates et arrondies, aux flancs déboisés en partie et couverts de verts pâturages, donnent une meilleure idée du pays. La température moyenne et la végétation subtropicale changent cependant les aspects à un tel point que cette comparaison ne saurait être complètement exacte.

3. Hydrographie. — Le système fluvial de Costa Rica comprend trois versants: le versant N. dont les eaux sont recueillies par le lac de Grenade et le San Juan, le versant du Pacifique et le versant de l'Atlantique. (1)

Ce sont les cours d'eau du **versant nord** qui ont le plus d'importance comme volume d'eau et extension du bassin ;

1. Il est évident que, le San Juan débouchant dans l'Atlantique, il n'existe à proprement parler que deux versants, ceux des deux Océans ; nous n'avons admis un versant nord que parce qu'il nous permettait d'établir une division plus claire des cours d'eau costariciens.

ce sont aussi les seuls dont la navigation présentera de grands avantages commerciaux, quand on aura mis en culture l'immense région qu'ils traversent, région aujourd'hui encore à peu près inexplorée. Après avoir mentionné le Sapoa dont nous avons parlé à propos des frontières et le Rio Frio, qui traverse le pays à peine connu des Indiens Guatusos et qui débouche dans le lac de Nicaragua, à la sortie même du fleuve San Juan, nous distinguerons sur ce versant nord trois grandes artères, le San Carlos, le Sarapiqui et le Tortuguero ou Colorado.

Le San Carlos débouche dans le San Juan à peu près à la moitié de son cours. Il est navigable sur les deux tiers de sa longueur pour les bateaux à faible tirant d'eau. Ses deux grands affluents de gauche, l'Arenal et le Peñas Blancas sont aussi navigables en partie. Ces rivières se prêteraient à une navigation beaucoup plus facile, si on prenait soin de les débarrasser de la quantité de troncs d'arbres qui les obstruent; tels qu'ils sont ils rendent déjà des services importants. Leurs rives sont formées de terrains exceptionnellement fertiles, et les propriétaires des plantations qui s'y trouvent situées préféreront toujours la voie fluviale au chemin de terre très long et presque impraticable, durant certains mois de l'année. Outre les affluents déjà cités, le San Carlos reçoit encore sur sa rive droite et dans la partie supérieure de son cours, les rivières Peje, Platanar, San Rafael, Cooper et, beaucoup plus bas, le Rio Tres Amigos, ce dernier en partie navigable.

Le Sarapiqui, qui descend de la montagne de Barba est le plus important des affluents du San Juan. On le remonte jusqu'au-dessus du Muelle (Embarcadère), et, pendant longtemps, il a formé la continuation du chemin du nord, la route la plus fréquentée autrefois pour se rendre du plateau central à l'Atlantique. Un de ses affluents de gauche, le Toro Amarillo qui vient du Poas, est en partie navigable pour les petites embarcations. Du même côté, le Sarapiqui reçoit les rivières Sardinal et Masaya. Les affluents de droite sont les rivières Puerto Viejo, Sucio et San José ; le Sucio, qui prend naissance sur le versant nord de l'Irazu, envoie une de ses branches à l'est avant de se jeter dans le Sarapiqui, et roule des eaux ferrugineuses.

Dans l'**Atlantique** se déversent le Reventazon, qui prend naissance au S. de Cartago et dont la vallée met en communication le plateau central et l'Atlantique, le fleuve Pacuare et la rivière Matina. Le Reventazon s'augmente à quelque distance de la mer de la rivière Parismina. Tout le long de l'Atlantique, de l'embouchure de la rivière Matina au Colorado, s'étend une série de lagunes qui rendent la côte marécageuse et presque impraticable par terre. On a songé à canaliser ces lagunes pour pouvoir se livrer à l'exploitation des cocotiers qui abondent dans cette région, mais les travaux projetés n'ont jamais reçu un commencement d'exécution.

Des montagnes de Talamanca descendent trois grands fleuves : le Tiliri ou Sixola, le Tilorio ou Changuinola et le Cricamola, qui se jette dans la lagune de Chiriqui ; tous trois sont navigables pour de petites barques, assez avant dans l'intérieur des terres.

Du **côté du Pacifique** nous rencontrons au nord le Tempisque qui a son embouchure au fond du golfe de Nicoya, et reçoit comme principal affluent la rivière de las Piedras. Ces deux cours d'eau sont en partie navigables. Plus au sud, et débouchant encore dans le golfe de Nicoya, se trouvent, la rivière Barranca et le Rio Grande de Tàrcoles dont le bassin collecteur comprend tout le plateau central. Cette partie du pays est très bien arrosée par une quantité de petites rivières descendant, les unes de la Cordillère volcanique, les autres des Cerros du Puriscal et de la Candelaria et se jetant dans le Tiribi, affluent du Rio Grande (1).

Dans l'Océan Pacifique proprement dit débouchent le Rio Grande de Pirris, le Rio Grande de Térraba et le Rio Chiriqui Viejo, limite légale du pays, en même temps qu'une foule d'autres rivières, de moindre importance, et qui arrosent des contrées peu peuplées.

Comme dans tous les pays tropicaux, ces rivières du Costa Rica sont sujettes à des crues subites à l'époque de la saison des pluies, crues qui produisent souvent l'inondation des campagnes voisines, enlèvent les ponts les plus solides et causent, dans certains endroits, de véritables désastres. Elles ont ce caractère torrentueux particulièrement du côté de l'Atlantique; toutefois, ici, comme ailleurs, l'abondance des eaux est un des plus grands biens : le pays leur doit son admirable fertilité.

4. Climatologie. — Costa Rica, de même que tous les

1. A considérer la direction générale du fleuve qu'on appelle le Rio Grande de Tàrcoles, le Tiribi est évidemment la rivière principale et le Rio Grande l'affluent. La confusion provient sans doute du rapport entre la masse des eaux de ces deux fleuves.

pays centro-américains, se divise sous le rapport du climat en trois zones verticales.

On appelle **terres chaudes** la région inférieure, qui va du niveau de la mer à l'altitude de 900 mètres et qui s'étend le long des deux côtes et sur les rives du San Juan. La moyenne annuelle de la température varie, dans cette zone, entre 22° et 28° centigrades ; il faut remarquer que la côte du Pacifique est un peu plus chaude que celle de l'Atlantique. La seconde région comprend les **terres tempérées** qui s'étagent entre 900 et 2500 m. d'altitude environ et qui ont une température de 14° à 20° C. ; elles jouissent d'un climat doux et salubre, aussi la majeure partie de la population s'y est-elle portée. Les **terres froides,** enfin, se rencontrent à partir de 2500 m. et forment les cimes les plus élevées des montagnes. La différence entre la température du jour et celle de la nuit s'y fait sentir très fortement. Il n'est pas rare que le sol y apparaisse au matin couvert de gelée blanche. La neige cependant y est fort rare.

Nous aurons à revenir sur cette division en zones ; pour le moment, bornons-nous à dire qu'aucune d'entre elles n'est malsaine, pas même celle des terres chaudes où les vents alizés purifient l'air et empêchent le développement des fièvres côtières endémiques. L'Européen, après une acclimatation préalable, à laquelle il est prudent de se soumettre en habitant quelque temps dans les régions tempérées du pays, peut parfaitement vivre sur le littoral du Pacifique ou de l'Atlantique, s'il a soin d'éviter tout excès.

Plusieurs grands fleuves du versant nord offrent, comme particularité, des rives gauches, formées de terrains secs

sans marécages, tandis que leurs rives droites présentent
des successions de lagunes et des espaces fréquemment
inondées, ce qui les rend souvent malsaines.

Les grands défrichements amènent aussi quelquefois dans
les premières années un peu de *malaria* ; toutefois les fièvres
permanentes ne sont signalées que dans les parties marécageuses. et encore remarquons qu'elles sont dues aux écarts
de régime, spécialement à l'abus des bananes, plus souvent
qu'aux miasmes répandus dans l'air.

Quand à l'insalubrité de quelques parties du plateau. des
villes en particulier, à certains moments de l'année, on peut
dire qu'elle n'est que relative et toujours accidentelle. Si l'on
s'occupait de supprimer la cause des émanations miasmati-
ques, en se conformant aux règles de l'hygiène dans la construction des maisons et le nettoyage des rues, si l'on accor-
dait plus d'importance au choix des eaux potables, si enfin
l'on suivait un régime alimentaire plus rationnel, on évite-
rait certainement bien des maladies, surtout à l'époque de la
saison des pluies.

Il ne nous paraît pas superflu d'attirer l'attention sur ce fait
qu'au moment de la récolte du café, l'eau des rivières est non
seulement utilisée comme force motrice pour le travail des
machines, mais aussi pour laver le grain et le débarrasser,
après une légère fermentation, de sa pulpe sucrée ; alors
elle devient insalubre ; on ne doit pas s'étonner si les gens
de la campagne qui en usent sans précautions, sont fréquemment atteints de dyssenterie maligne.

La **mortalité** s'éleva, en 1888, au chiffre de 5110 décès,
ce qui donne une moyenne de 1 décès pour 39 habi-

ants (1). Cette proportion excessive perd beaucoup de son importance, si l'on jette les yeux sur le tableau suivant :

Mortalité pour 1888

Enfants au dessous de 10 ans,	3066
De 10 à 20 ans,	237
De 20 à 40 ans,	795
De 40 à 60 ans,	645
Au dessus de 60 ans,	367
Total des décès,	5110

3066 enfants au dessous de 10 ans, c'est-à-dire le 60 p. 100 des décès ! Il faut attribuer une bonne partie de cette mortalité anormale à l'habitude qu'ont les gens du peuple de laisser leurs enfants courir pieds nus et peu vêtus par tous les temps. Cette coutume, excessivement fâcheuse, tend pourtant à disparaître à mesure que l'hygiène est mieux connue ; en aucun cas elle ne saurait être considérée comme une conséquence de la pauvreté, le peuple ignorant généralement la misère (2).

La même statistique signale parmi les 367 décès au dessus de 60 ans, 36 nonagénaires et 10 centenaires, et quoique l'an-

1. Pour toutes les questions de chiffres, consultez les 6 tomes de *El Anuario estadistico* » 1883, 1884, 1885, 1886, 1887 et 1888, rédigés par les soins du bureau de statistique de la République ; on trouvera aussi de nombreux renseignements dans le livre de J.-B. Calvo, intitulé : « *Costa Rica en 1886* », San José, 1887.

2. Les gens de la campagne sont si accoutumés à voir mourir leurs enfants en bas âge qu'il est de mode parmi eux, chaque fois que survient un décès de ce genre, d'exposer le petit cadavre revêtu de ses plus beaux atours dans la pièce principale de l'habitation et de convoquer voisins et amis à une petite fête, la fête de l'*angelito*, à laquelle les parents sont les premiers à prendre part.

née paraisse exceptionnelle sous ce rapport, on peut cependant affirmer que les cas de longévité sont assez fréquents.

Les **saisons,** bien tranchées et caractérisées par la chute ou l'absence des pluies, sont le *verano* ou saison sèche, qui commence en décembre pour finir en avril ou mai, et l'*invierno* ou saison des pluies, qui va du mois de mai au mois de novembre. Pendant l'*invierno* costaricien, qui correspond à l'été et à l'automne des pays européens, l'air, quoique très rarement nébuleux, est presque toujours saturé de vapeur d'eau ; à cela, il doit sa transparence parfois extraordinaire. Durant le *verano*, au contraire, l'atmosphère rarement nettoyée par la pluie, se charge de poussière et devient très sèche aux heures les plus chaudes de la journée.

Il y a relation directe entre la chute des pluies et le système des **vents**. L'alizé du nord-est se débarrasse de son humidité en s'élevant sur les versants de la Cordillère orientés du côté de l'Atlantique ; c'est donc pour le plateau un vent sec qui souffle de novembre à mars. D'avril à octobre, on a la mousson du S.-O. comme vent dominant sur la côte du Pacifique où, disons-le en passant, il pleut moins que sur celle de l'Atlantique. Ce vent ne rencontrant pas de montagnes assez hautes pour condenser la vapeur d'eau dont il est chargé, arrive sur le plateau central encore saturé d'humidité et produit ainsi les pluies abondantes qui caractérisent l'*invierno*. Les *temporales* sont rares à Costa Rica, c'est-à-dire qu'il ne pleut presque jamais d'une manière continue plusieurs jours de suite. Pendant tout l'*invierno*, sauf pendant le mois d'octobre, l'époque la plus humide de l'année, on peut compter sur des matinées ensoleillées. Ce n'est guère que dans l'après midi, de deux à quatre heures, que tombe l'*aguacero,* qui dure peu, mais est quelquefois d'une violence excessive, puisque l'on a recueilli jusqu'à 60 millimètres d'eau, dans l'espace d'une heure.

L'étude de la climatologie de Costa Rica a fait beaucoup de progrès ces dernières années, grâce à l'intelligente attention du gouvernement. L'Institut météorologique déjà existant vient d'être refondu en un Institut physico-géographique appelé à rendre les plus grands services à la science et au pays même, puisque l'exploration scientifique du territoire occupe une place importante dans le programme de ses travaux. Cet Institut a été placé sous la direction d'un homme très compétent, M. le professeur H. Pittier, auquel, comme nous l'avons déjà dit, nous devons plusieurs des indications précédentes.

5. Produits naturels. — Malgré de nombreux travaux spéciaux, dus à la plume de savants distingués, on connaît encore bien peu les produits naturels de Costa Rica. Ils n'ont pas encore été, dans leur ensemble, l'objet d'études suivies, et nous ne pouvons donner ici qu'une nomenclature forcément incomplète et aride des principaux d'entre eux. Ajoutons toutefois que, depuis quelques années, le Gouvernement a fait de notables efforts pour encourager les recherches scientifiques dont l'objet est de mieux nous renseigner à cet égard. Plusieurs ouvrages publiés à l'étranger par des naturalistes ou des ingénieurs qui avaient visité Costa Rica, ont été traduits ou imprimés par ses soins (1); une exposition nationale, ouverte au public le 15 septembre 1886, a révélé la grande variété des produits du pays; ils forment enfin le noyau d'un musée national qui se développe tous les jours. (2)

Règne minéral. — De tous les métaux, l'**or** est le seul qui ait été sérieusement exploité. Le mont Aguacate renferme les principales mines de ce précieux métal dans le district appelé « *Ciruelitas* ». La production n'a pas été très grande jusqu'à présent à cause du manque de bras pour les travaux, mais l'installation toute récente de nouvelles et puissantes machines, qui n'ont pas coûté moins d'un demi-million de francs, permettra de commencer très prochainement une exploitation sérieuse. Les propriétaires de la seule mine « *La Trinidad* » comptent, pour l'année prochaine, sur un rendement d'au moins 150.000 francs par mois. On a raison de croire à l'existence de très riches placers d'or au Talamanca, dans le bassin du fleuve Changuinola, appelé autrefois Estrella. Les travaux du Dr. Frantzius (3) prouvent, jusqu'à l'évidence, que la fable du Tisingal était le résultat d'une confusion de noms propres.

---

1. Voyez les trois premiers volumes de la « *Coleccion de Documentos para la Historia de Costa Rica* » publiés par D. Léon Fernandez.

2. Le Musée national, réuni actuellement à l'Institut physico-géographique, a déjà publié un volume d'annales qui contient quelques travaux intéressants sur l'histoire naturelle du pays.

2. « *Acerca del verdadero sitio de las ricas minas de Tisingal y Estrella buscadas sin resultado en Costa Rica* » estudio por el Dr. A. v. Frantzius, traducido del Aleman. *Doc. para la Historia de Costa Rica*, publ. par D. L. Fernandez. Tomo II. p. 23.

A côté de l'or, les principaux métaux dont on ait constaté l'existence à Costa Rica, mais sans en faire l'objet d'une exploitation sérieuse, sont : le fer, très abondant; le cuivre, dont il existe des mines très riches dans les monts Candelaria ; le plomb argentifère et le mercure.

Parmi les autres produits minéraux, il faut citer : le soufre, le kaolin, les lignites, les argiles plastiques, la chaux, les marbres, le gypse et l'alun, tous inexploités, sauf la chaux.

Presque partout dans le pays se rencontrent des **eaux minérales et thermales**. (1) Les plus célèbres sont celles d'Aguacaliente, à 3 kilomètres de la ville de Cartago, pour l'exploitation desquelles s'est formée une société d'actionnaires sous le nom de « *Compania Bella Vista* » Cette société travaille activement à la construction d'un établissement balnéaire répondant aux exigences modernes, et d'un hôtel offrant toutes les commodités désirables aux voyageurs ou aux malades. L'analyse de l'eau d'Aguacaliente faite par le chimiste Dr. C. F. Chandler de New-York, en septembre 1887, a donné les résultats suivants :

Chlorure de sodium		....	61.2922
Bicarbonate de lithium		....	Traces
»	»	sodium	15.1568
»	»	magnésie....................	13.0165
»	»	chaux.......................	56.0627
»	»	baryum......................	0.2624
»	»	strontium...................	Traces

1. Voyez à ce sujet l'étude du Dr. Frantzius « *Die warmen Mineralquelle in Costa-Rica* » publiée dans le « *Neues Jahrbuch für Mineralogie, Geologie und Paleontologie* ». V. Heft. p. 496-510. Stuttgart, 1873.

»	»	fer	1.3588
»	»	cuivre	Traces
»	»	manganèse	Traces
Sulfate	de	potassium	2.5775
»	»	sodium	37.7258
Phosphate	»	»	0.1108
Biborate	»	»	1.7669
Arséniate	»	»	Traces
Alluminate	»	»	0.1166
Silicate	»	»	3.6157
Matières	organiques		Traces

$$\text{Total} \dots \dots \dots \quad 193.0627$$

Ces chiffres représentent des grains, et l'analyse a été faite sur une quantité d'eau d'un gallon des Etats-Unis dont la contenance est de 231 pouces cubes. Il existe des sources minérales en beaucoup d'autres endroits ; les plus connues, après celles d'Aguacaliente, sont celles d'Orosi, dans la même direction que les précédentes, et du Salitral, près de San José.

Faune. — La faune (1) de Costa Rica doit son extrème richesse à la position intermédiaire de ce pays entre les deux Amériques.

---

1. Pour les *mammifères*, consulter le travail du Dr Frantzius; pour les *oiseaux*, les catalogues et descriptions de Geo. N. Laurence, Dr Frantzius et du naturaliste costaricien José C. Zeledon, tous publiés dans la collection de « *Documentos para la Historia de Costa Rica* » par D. Léon Fernandez. Pour les *reptiles*, voyez l'ouvrage de E. D. Cope, basé en grande partie sur

Parmi les **mammifères**, on peut citer : l'once, et le puma, appelés aussi jaguar et couguar, le tigre et le lion d'Amérique, l'ocelot, un autre félin, le coyote; une grande variété de singes; plusieurs rongeurs à chair savoureuse ; le pécari, le tapir dont le cuir, le plus épais que l'on connaisse, est d'une grande valeur; plusieurs espèces de sarigues; le cerf, le daim, l'armadillo; quelques chauves-souris vampires, dangereuses pour le bétail; et enfin, le curieux lamantin qui habite les lagunes de la côte orientale du pays.

Les forêts abondent en **oiseaux** d'une merveilleuse beauté, parmi lesquels nous nommerons : le superbe *quetzal* au plumage d'un vert métallique ; des aras des couleurs les plus variées ; des toucans au bec énorme ; des quantités de colibris, bijoux ailés, quelques petits oiseaux chanteurs, et, dans un genre différent, des ramiers, des dindes et des perdrix d'un goût délicat. Les rapaces sont nombreux ; le plus commun est le *zopilote*, espèce de vautour noir qui rend de grands services, en débarrassant les villes de leurs immondices.

Les **serpents** venimeux ne se rencontrent qu'en petit nombre sur le plateau central, mais ils pullulent dans les parties marécageuses de la région du nord et sur certains points de la côte du Pacifique. Les cas de mort par suite de morsures sont cependant très rares.

Les caïmans abondent dans le fleuve Tempisque ; sur la côte de l'Atlantique, on trouve des tortues énormes.

les recherches du Dr W. Gabb, dans ses explorations de la province de Talamanca,

L'ouvrage le plus complet qui existe sur la faune de Costa Rica et de l'Amérique centrale, en général, est la « *Biologie centro-américaine* » en cours de publication.

Les rivières de l'intérieur du pays produisent un gros **poisson** nommé *bobo* dont la chair est assez appréciée ; dans le fleuve San Juan, il y a une excellente espèce de saumon ; mais les réglements sur la pêche sont peu observés : on détruit une immense quantité de poissons au moyen de la dynamite. Un établissement de pisciculture, pour repeupler les cours d'eau, est un des désiderata de l'avenir.

Les **moustiques**, une des grandes plaies des pays tropicaux, sont relativement rares à Costa Rica. Même dans les plaines chaudes du nord, on peut dormir la majeure partie de l'année sans moustiquaire. L'abeille indigène donne un miel doué de propriétés excitantes, et une cire noire aromatique ; l'introduction d'abeilles italiennes serait avantageuse pour le pays.

Flore. — La végétation est partout d'une vigueur et d'une variété extrêmes, grâce à la richesse du sol, à l'abondance des eaux et à la diversité du climat. Cette exubérance se rencontre dans la zone des terres tempérées, comme dans celle des terres chaudes, et le voyageur qui arrive, pour la première fois, dans le pays croit retrouver à plus de 2000 m., sur les flancs de la Cordillère volcanique, la flore luxuriante qu'il a admirée à peu de distance des côtes de l'Atlantique et du Pacifique. Les essences changent, mais, c'est partout un fouillis d'arbres géants, les uns branchus et feuillus à profusion, les autres au tronc lisse comme de sveltes colonnettes : de leur cime, retombent en longs cordages, les tiges flexibles d'une multitude de plantes de diverses familles auxquelles on a pris l'habitude de donner le nom générique de lianes. Les troncs,

les branches et jusqu'au feuillage sont couverts d'une multitude d'épiphytes : lichens d'argent, de pourpre ou d'émeraude,
fougères aux frondes dentelées, broméliacées aux feuilles
grasses et marbrées de taches livides ou ferrugineuses, or-
chidées aux corolles étrangement découpées et peintes des
plus riches couleurs, aroïdées enfin aux spathes pourpre ou
d'un blanc immaculé. Partout on rencontre encore, sous bois,
un inextricable fouillis d'arbustes, souvent épineux, de can-
nes qui s'opposent au passage et de plantes grimpantes dont
les fleurs, solitaires ou en grappes, mais toujours éclatantes,
mettent leur nuance claire dans la demi-obscurité de la forêt
vierge.

De nos jours seulement, cette flore admirable commence
à être étudiée ; il faudra encore longtemps avant que les éléments en soient complètement connus. (1) Nous reviendrons
sur les principales essences forestières et sur les produits
naturels agricoles dans notre chapitre intitulé « Terrains
et cultures » ; aussi nous bornons-nous à indiquer maintenant les traits généraux de la végétation.

On peut dire que la flore de Costa Rica forme comme le
trait d'union entre celle de l'Amérique du nord et celle des
Andes. A côté de ses espèces endémiques, elle présente, en
effet, une infinité de genres et d'espèces appartenant à ces
deux régions, et si le caractère andin prédomine, cela vient
de ce que Costa Rica fut réuni à l'Amérique du sud bien avant
d'être relié avec le Mexique.

La flore tropicale se montre dans toute sa splendeur sur les

1. Citons parmi les botanistes qui ont contribué à l'étude de la flore de
Costa Rica : Oersted, Hoffmann, Polakowsky, Kunze, Warscewiez, Wendland
et Pittier.

côtes, tandis que la végétation du sommet des volcans prend un caractère sub-alpin très caractérisé. Entre ces deux extrèmes, on remarque, sur les plateaux de l'intérieur, presque tous cultivés, la plus grande diversité de familles, de genres et d'espèces.

En nous reportant à la division en zones. dont nous avons parlé plus haut, nous dirons que les terres chaudes sont la région des forêts vierges et qu'on y rencontre surtout les palmiers, les fougères arborescentes, la vanille, le caoutchouc, le cacao et une variété infinie d'arbres donnant des bois d'ébénisterie et de teinture. tels que l'acajou, les cèdres (genre Cedrela, famille des Cédrélacées), le cocobola, le guayacan, le mora, le brésil, etc., etc.

Les terres tempérées sont caractérisées par de nombreuses cultures, entre lesquelles il faut citer : le café, la canne à sucre et les bananes dans les parties les plus chaudes ; le maïs, les pommes de terre et les haricots dans les régions supérieures où les pâturages prennent une grande extension. Dans les endroits les moins élevés. abondent les arbres fruitiers, l'avocatier, le prunier maubin, l'oranger, le manglier, l'asiminier, et une foule d'autres. Dans les forêts on rencontre beaucoup de bois de construction dont la plupart ne sont connus que par leurs noms indigènes : le cèdre (cedrela), le ñambar, le guachipelin, l'ira, le quizarra, le ronron, etc.

A partir de 2000 mètres, commence la région des chênes qui se font plus rares et diminuent de vigueur dans les terres froides. Celles-ci ont pour végétation principale au sommet des volcans, des myrtes et des vacciniées plus ou moins rabougris et entremêlés d'espèces à un caractère sub-alpin nettement marqué.

6. Routes. — Costa Rica possède jusqu'à présent les tronçons d'un **chemin de fer** qui devait relier l'Atlantique au Pacifique, en passant par les principales localités du plateau central. Les parties construites et exploitées sont les suivantes :

1. De Port Limon sur l'Atlantique à Carrillo, petite localité située sur la rivière Sucio, au pied de l'Irazu.   113 km.

2. De Cartago à Alajuela, sur le plateau central en passant par San José, la capitale du pays.   43 km.

3. De Puntarenas, sur le Pacifique, à Esparza au pied du mont Aguacate.   22 km.

Total.   178 km.

En tout donc 178 km. de voies ferrées qui rendent des services en permettant les relations promptes et faciles entre les principales localités, en favorisant le commerce des deux côtés.

Une ligne d'une importance capitale est en voie de construction et sera probablement livrée à l'exploitation dans le courant de l'année prochaine. Ce nouveau chemin de fer part de Cartago et suit la vallée du Reventazon pour rejoindre la ligne déjà existante, entre Limon et Carrillo. Par lui, San José et tout le plateau central se trouveront en communication directe avec l'Atlantique. Il en résultera une véritable révolution économique dans le pays par la diminution des frais et de la durée des transports de l'intérieur à la côte ou vice versa, et la suppression des difficultés de circulation, souvent sérieuses, qui gênent le transit pendant la saison des pluies.

On s'occupe, maintenant. d'un autre projet de voie ferrée. Il s'agit de relier la ligne de Limon à un point du fleuve San Juan, en passant par la région des grands fleuves du Nord. Ce nouveau chemin de fer, une fois construit, procurera des avantages considérables aux deux républiques de Nicaragua et Costa Rica en les mettant directement en communication. Il permettra aussi de livrer à la culture une énorme quantité de terrains très fertiles, mais d'un rendement presque nul aujourd'hui par suite du manque de voies d'accès.

L'exploitation ou la construction de toutes ces lignes de chemins de fer est — sauf le petit tronçon du Pacifique — entre les mains d'une compagnie anglaise dont le représentant, M. Minor. C. Keith, est le type de ces américains si remarquables par leur intelligence, leur activité et leur foi en la réussite des entreprises les plus difficiles.

Les **chaussées** dites **caminos reales,** sont entretenues à Costa Rica avec le concours de l'Etat. Cet entretien est assez difficile à cause des pluies continuelles de l'hiver et aussi à cause des roues de bois pleines et étroites des charrettes qui coupent le sol partout où elles passent. La plus fréquentée des chaussées royales est la grande route de San José à Puntarenas, qui passe par le mont Aguacate, et d'un point de laquelle l'on jouit d'un des panoramas les plus splendides de l'univers sur le golfe semé d'îles et la presqu'île boisée de Nicoya.

A côté des grandes routes il y a les **chemins de terre** qui conduisent du plateau à l'intérieur du pays. L'un d'eux,

par le col de la Palma, va de San José à Carrillo où aboutit la
ligne ferrée de Limon ; c'est aujourd'hui le chemin direct pour
se rendre à l'Atlantique. Nous avons déjà dit plus haut qu'il
y a quelques années on suivait le chemin de Sarapiqui,
qui va rejoindre le fleuve par la dépression du Desengaño,
entre le Barba et le Poas. D'autres chemins de terre conduisent aux plaines du San-Carlos, au Guanacaste, au Talamanca
et à la région de Terraba. On les trouve tous deux dans un
état d'entretien plus ou moins bon, selon les saisons et les terrains qu'ils traversent ; le plus souvent, ils sont praticables
seulement pour les gens à cheval.

7. Postes et télégraphes. — Le service des **postes** est
organisé d'une manière très satisfaisante. Le bureau central
de San José relie avec lui, le moindre petit village du plateau
généralement par le moyen de courriers qui font tous les
jours plusieurs lieues à cheval pour porter la correspondance
à destination. Certains de ces courriers vont même jusqu'à
San Carlos, au Talamanca et à Boruca et restent souvent des
semaines en voyage.

Les relations avec l'étranger sont faciles et nombreuses. On
compte, en effet, plusieurs départs et arrivées du courrier chaque semaine, par les voies de Panama, Colon, San Francisco,
la Nouvelle Orléans ou New-York. La correspondance qui
prend ces derniers chemins peut arriver en Europe en moins
de 20 jours; celle qui part de France, par la voie de Southampton, met 25 jours pour atteindre San José ; celle enfin qui sort
des ports de Bordeaux et de Saint-Nazaire, pour se rendre
premièrement à Colon, de là à Panama, puis à Puntarenas,

parvient au destinataire en 30 ou 40 jours, suivant les coïncidences entre les départs et arrivées des vapeurs. En 1887, les pièces échangées soit avec l'extérieur, soit avec les bureaux de poste du pays, ont atteint le chiffre de 2,437,639. Dans ce nombre figurent 663,444 lettres affranchies et 1.411,602 imprimés. Rappelons ici que Costa Rica a 200,000 habitants.

L'installation du **télégraphe** à Costa Rica date de longtemps. Le nombre des bureaux augmente chaque année et le réseau établi compte déjà plus de 1,000 km. La transmission des télégrammes envoyés à l'étranger s'est faite jusqu'à présent par terre jusqu'à San Juan del Sur, ville du Nicaragua sur le Pacifique. Cependant le Gouvernement vient de signer un contrat avec une société qui se chargera de la pose d'un câble sous-marin sur la côte de l'Atlantique ; il y a tout lieu de croire que bientôt Costa Rica sera relié directement aux Etats-Unis et à l'Europe par un point de sa côte orientale. (1)

8. Les canaux interocéaniques éventuels. — Ce qui rend la situation de Costa Rica excessivement favorable, et lui permettra certainement un jour de se considérer, comme privilégié entre les nations, c'est qu'il occupe précisément le territoire compris entre les deux grands canaux interocéaniques qui ont le plus de chances de s'ouvrir un jour au commerce du monde.

Quoique la République ne touche pas directement au canal de Panama, son commerce qui prend le chemin de l'isthme

1. Contrat V. Cuenca Creus. *Gaceta oficial* du 29 mars 1889.

aura tout à gagner à la conclusion de l'œuvre gigantesque à laquelle la France a pris une si grande part. Après avoir consumé tant de vies humaines et tant de capitaux, — qu'il nous soit permis de le dire en passant — les travaux de percement n'ont pu être abandonnés, même pour un temps indéterminé, sans que cet aveu d'impuissance résonnât douloureusement au cœur de tous ceux qui croient au progrès, à l'avenir de la science et des forces humaines.

Un contrat a été conclu, au mois de juillet de l'année passée, entre le Gouvernement de Costa Rica et M. A. G. Menocal, représentant de l'Association du canal de Nicaragua. Ce contrat fait la part des droits de la République sur les eaux et territoires que le canal projeté par la rivière San Juan et le lac de Nicaragua serait dans le cas d'utiliser, et expose les avantages que le Gouvernement accorderait à la Compagnie après l'exécution de son œuvre, déclarée d'utilité publique. Comme ce projet de canal interocéanique à travers l'Amérique centrale n'a, sauf les études préliminaires, encore reçu aucun commencement d'exécution, nous ne nous arrêterons pas sur les termes du contrat. Il n'est certes pas besoin de faire remarquer les immenses avantages que Costa Rica retirerait de l'établissement du canal de Nicaragua : la république serait placée, en effet, directement sur la route d'une des plus grandes voies commerciales du monde.

Ajoutons que le Gouvernement de Nicaragua a élevé des doutes sur le droit que pouvait avoir Costa Rica à conclure un contrat avec l'Association du canal et a revendiqué la possession exclusive de toutes les eaux du fleuve San Juan. La question a été soumise à l'arbitrage du Président des Etats-Unis et recevra une prompte solution. On ne peut guère douter du verdict quand on se rappelle que le territoire de Costa Rica touche le San Juan à partir de trois milles en aval du fort Castillo Viejo, c'est-à-dire sur plus de la moitié de son cours, et que ce fleuve est tributaire de Costa Rica pour la majeure partie de ses eaux, qui lui arrivent par les grandes artères du San Juan et du Sarapiqui.

CHAPITRE II

LES HABITANTS

1. Origine et mœurs. — La population de Costa Rica a un caractère spécial. Comme partout dans les républiques hispano-américaines le fond en est un mélange de la race indigène et de la race blanche conquérante, mais cette dernière y est nettement prépondérante ; on n'en saurait dire autant des autres sections de l'Amérique centrale.

Les Indiens étaient nombreux à l'arrivée des espagnols et se divisaient en plusieurs tribus dont quelques-unes avaient un certain degré de civilisation. Ils tissaient des étoffes grossières, construisaient des places fortifiées et *palenques*, fabriquaient de la poterie, ornementée d'une manière plus curieuse qu'artistique et taillaient des idoles ou des tables de sacrifice dans la pierre. Ils savaient aussi travailler l'or dont ils faisaient des ornements ou des signes de distinction. (1) Leur organisation sociale, sans unité ni cohésion, les rendit incapables de résister longtemps aux conquérants espagnols. Ils vendirent néanmoins chèrement leur liberté ; un de ces audacieux *conquistadores* trouva la mort en voulant pénétrer dans l'intérieur du pays, par la côte de l'Atlantique. (2) Dès

1. Le Musée de San-José possède une magnifique collection d'antiquités indiennes, due à la générosité de feu Don Ramon R. Troyo.
2. Diego Gutierrez, l'an 1544.

1565, sous le Gouvernement de Jean Vasquez de Coronado, on considérait justement le pays comme acquis à la couronne d'Espagne.

Nous n'avons pas à raconter ici l'histoire de la conquête de Costa Rica ; qu'il nous suffise de dire qu'elle ne diffère en rien de celle de pays beaucoup mieux connus : Cuba, le Mexique et le Pérou. Aussitôt après la conquête, la race primitive commença à dépérir. Les quelques indigènes qui ont survécu à la disparition successive des diverses tribus, sont ceux qui habitaient loin du plateau et avec lesquels les Européens n'ont jamais eu de relations suivies. Les Indiens actuels sont dégénérés et leur nombre diminue chaque année. C'est à grand peine que Mgr B. A. Thiel, évêque de Costa Rica, après plusieurs voyages dans l'intérieur du pays, a réussi à aborder quelques-uns d'entre eux et à gagner peu à peu leur confiance. La linguistique a retiré grand profit des voyages du courageux et infatigable évêque ; nous possédons maintenant, grâce à lui, un vocabulaire des principaux dialectes indiens du pays (1). Les tribus encore existantes aujourd'hui comprennent les Guatusos établis dans le bassin du Rio Frio au N. O. du pays, les Indiens de Boruca et de Térraba, occupant le bassin du fleuve auquel ils ont donné leur nom sur le versant du Pacifique, et ceux du Talamanca. divisés en Cabecacares, Bribris et Tiribis. Tous ces Indiens réunis forment un total d'environ 3,000 habitants.

(1) *Apuntes lexicograficos de las lenguas y dialectos de los Indios de Talamanca,* por B. A. Thiel, obispo de Costa Rica. S.J. de C. R. 1882.

Voyez aussi : *Tribus y lenguas indigenas de Costa Rica,* par le Dr W. Gabb, traduit de l'anglais et publié dans les « *Documentos para la Historia de Costa Rica* » de D. L. Fernandez, tome III.

La plus grande partie de la population descend des Espagnols qui s'établirent dans le pays, à la suite des vaillants *conquistadores* de la dernière moitié du XVIᵉ siècle. Costa Rica, malgré son nom, n'a pas offert autrefois de grandes ressources, à ceux qui venaient s'y établir, aussi le courant de population, avide de richesses, et en grande partie composée d'aventuriers, qui s'est dirigé vers l'Amérique aussitôt après sa découverte, n'y a-t-il laissé pendant longtemps que de faibles traces. On doit attribuer à la pauvreté des premiers habitants — pauvreté qui s'est continuée jusqu'au commencement de notre siècle — la conservation des vertus principales de la race : la sobriété, la simplicité, la moralité et l'amour du travail, vertus restées intactes jusqu'à nos jours dans une population robuste et saine. Malgré l'esprit moderne qui, peu à peu, efface, dans le monde entier, les caractères distinctifs des peuples, ce qui prédomine encore dans le pays, est une manière de vivre vraiment patriarcale. Le propriétaire d'une grande exploitation de café ou de bananes est certes au-dessus des paysans qui travaillent sur ses terres ; il vit pourtant avec eux sur un pied presque complet d'égalité, du moins pendant tout le temps qu'il passe à la campagne. Jamais citoyens d'une république ne furent plus démocrates. Pas ou très peu de distinctions de naissance, de fortune ou de position : on juge l'homme d'après ses aptitudes et sa conduite. Le respect de l'ordre et de la propriété est poussé jusqu'au plus haut degré. Le peuple — et nous entendons ici la grande masse des costariciens — obéit aux lois avec une soumission exemplaire et ne résiste jamais à l'autorité. Les crimes sont excessivement rares et la propriété a toujours été sauvegar-

dée, même quand les passions armaient les partis l'un contre
l'autre.

Hâtons-nous d'ajouter cependant qu'il y a bien quelques
ombres au tableau. En effet, si ce peuple garde les anciennes vertus de la mère patrie, il en a aussi les défauts.

L'augmentation anormale de la richesse du pays, surtout
ces dernières années, n'a pas laissé que d'avoir une influence
fâcheuse sur les mœurs. Le luxe tend à envahir la capitale ;
l'amour du jeu, — vice commun à tous les peuples méridio-
naux et à bien d'autres encore, — est peut être plus déve-
loppé qu'autrefois, l'abus des liqueurs fortes devient plus fré-
quent. Disons aussi que le Costaricien a un défaut de race,
dû peut-être à la douceur énervante du climat. Il manque, en
général, d'initiative et de résolution. Demain, *mañana*, est
un mot qui revient trop souvent dans sa bouche, de même
que les expressions peu affirmatives : qui sait ? *quien sabe ?*
peut-être : *talvez, quizas,* etc. Il ne croit guère non plus à
l'axiome américain que « *Time is money* » ; ni que « l'exactitude est le commencement de la politesse ». Vous pouvez
avoir à Costa Rica des amis véritablement dévoués ; comptez
sur leur honneur, leur loyauté, leur fidélité, mais ne comptez jamais sur leur ponctualité.

Il coule dans les veines des habitants de la république
un sang trop généreux, l'exemple des aïeux est encore trop
vivant dans les mémoires pour que les défauts, que l'im-
partialité nous oblige à signaler, puissent jamais altérer
d'une manière profonde l'heureux ensemble de qualités fonda-
mentales dont nous avons esquissé le tableau. Le peuple costaricien est un peuple fortement trempé, comme toutes les
nations surtout agricoles. Ardent patriote, il est très fier

de son indépendance, de son autonomie et d'une prospérité
due exclusivement au travail. Sa devise pourrait être : Travail, Ordre et Liberté.

Les **recensements** pratiqués depuis l'année 1826 jusqu'à
nos jours, à diverses époques, dénotent une forte augmentation de la population. Selon divers calculs, cette augmentation moyenne annuelle de la population est de 2 1/2 p. 100 ; le
nombre des habitants a cependant plus que doublé depuis 40
ans. Il est bien évident que les chiffres donnés, même pour
les dernières années, ne doivent pas être considérés comme
l'expression de la vérité absolue. Le recensement de tous les
habitants de la république, présente, en effet, de grandes difficultés pratiques. En dehors du plateau central, la population
est très dispersée et le peuple, encore ignorant, ne se prête
pas toujours à ce dont il n'apprécie ni l'utilité ni le but.
Nous admettrons cependant, comme assez probables, les chiffres fournis par le bureau de statistique de la République
pour les deux dernières années. Le 31 décembre 1887, on
comptait à Costa Rica 200,197 habitants ; à la même date, en
1888, 204,201 (1).

La **langue** du pays est l'espagnol ; beaucoup de Costariciens savent l'anglais et le français qui s'enseignent dans les
écoles, et dont la connaissance est de jour en jour plus pré-

1. Pour tout ce qui concerne les années antérieures, consulter l'*Annuaire
de Statistique*, années 1883, 84, 85, 86 et le livre déjà cité de J.-B. Calvo,
« *Costa Rica en 1886* ». Le chiffre que nous donnons ici est obtenu au
moyen des feuilles de recensement ; si l'on tient compte des omissions nombreuses qui ont dû se produire, il faut admettre une population d'environ
225,000 habitants.

cieuse, à mesure que se développe le commerce et qu'augmentent les relations avec l'étranger.

La **religion** de la république est la religion catholique romaine : la constitution tolère l'exercice du culte des autres confessions(1). Le peuple n'est nullement fanatique, et, depuis le haut jusqu'au bas de l'échelle sociale, la plus grande tolérance règne dans le pays. Nul n'est jamais inquiété pour motifs religieux. Depuis le 1ᵉʳ janvier 1888, il existe un registre général d'état-civil à San José, la capitale de la république.

2. Villes et villages. — Le centre de population le plus important du pays à tous les points de vue est sans contredit la capitale de la République, **San José**. Cette ville, qui compte aujourd'hui de 20 à 25.000 habitants, est située à 1135 mètres au-dessus du niveau de la mer (2). Sa fondation ne remonte guère au-delà de la seconde moitié du xviiiᵉ siècle et ce n'est qu'en 1813 que San José obtint des Cortès espagnols le titre de ville. Son heureux emplacement au milieu des principaux centres de population déjà existants sur le plateau central, joint à la fertilité des terres qui l'environnent, donnèrent bientôt à la nouvelle cité une importance que ses fondateurs n'avaient certes pas rêvée. Principal foyer des idées libérales, ses habitants prirent, de concert avec ceux de la ville d'Alajuela, une telle part à l'indépendance de la petite république qu'en 1823, San José devint la capitale du pays, au détriment de l'antique Cartago. Des raisons politiques, il est

1. *Constitucion politica de 1871*, Article 51.
2. H. Pittier, *Boletin del Observatorio metcorologico*, année 1888.

vrai, motivèrent ce changement du siège des autorités ; néanmoins, la nouvelle ville méritait d'être placée aussi à d'autres titres à la tête du pays, tant à cause de son développement plus rapide que de sa position centrale.

Telle qu'elle se présente aujourd'hui, la ville de San José est une des plus intéressantes de l'Amérique centrale. Vue des hauteurs voisines, elle a un aspect uniforme et produit une impression plutôt désagréable, avec la multitude de ses toits peu inclinés, vraie mer de tuiles grises d'où émergent de rares bouquets d'arbres, et par ci, par là, les principaux édifices. Mais l'impression change, quand on parcourt la ville. Les maisons sont en général basses, bonne précaution contre les effets des tremblements de terre ; mais les rues sont régulières et bien entretenues. Plusieurs édifices remarquables et de nombreuses maisons nouvelles s'élèvent de tous côtés. Deux parcs importants et quantité de petits squares égaient la ville.

San José ayant toujours été visité par un nombre assez considérable d'étrangers, les hôtels y ont un caractère international et offrent au voyageur toutes les commodités. Les monuments à citer sont les édifices nationaux, tels que le palais présidentiel et le palais national où sont établis les divers ministères, et les églises dont la principale, la cathédrale a en face d'elle un parc ombragé par de grands *ficus* et entretenu avec soin. Plusieurs bâtiments publics ou privés attirent encore l'attention : l'ancienne Université de Saint-Thomas où se trouvent réunis le Musée, la Bibliothèque et les Archives nationales ; les deux lycées de garçons et de filles, ce dernier en construction ; le marché couvert, l'hôpital de San Juan de Dios ; l'Hospice des aliénés à peine achevé ;

le palais de l'Evêché et la Banque de l'Union. Quelques-uns de ces édifices, les églises surtout, ont souffert lors du dernier tremblement de terre, mais on travaille à réparer les dégâts. C'est surtout dans ces dernières années que la prospérité toujours croissante de San José s'est affirmée d'une façon incontestable. Presque tous les bâtiments mentionnés par nous, sont de construction récente. La ville de San José se transforme si rapidement qu'elle ne tardera pas, selon toute apparence, à prendre le premier rang parmi les cités centro-américaines.

Les maisons sont aujourd'hui généralement construites en briques; très peu le sont en pierre qu'il faut faire venir de loin et dont la taille coûte excessivement cher. Les anciennes habitations ont leurs murs formés *d'adoves*, grosses briques de terre battue mélangée de paille hâchée, et leurs parois ont leur étage supérieur fait de *bajareque*, treillis de canne recouvert d'un mortier grossier Elles ont toutes au fond ou dans leur intérieur un jardin ou une cour (*patio*), invisibles de la rue. Ces cours et jardins égaient l'habitation et permettent la distribution de l'air et de la lumière. Les chambres sont trop souvent, en effet, petites et incommodes, sauf la grande salle de réception. San José a un réseau complet de conduites d'eau pour son alimentation.

La ville est éclairée à la lumière électrique et les rues sont propres et bien entretenues dans les parties les plus fréquentées. L'administration municipale s'efforce d'ailleurs chaque année d'améliorer encore l'organisation des services publics.

A 5 ou 6 lieues à l'est de San José se trouve **Cartago**, l'ancienne capitale du pays. Cette ville occupe le centre d'une

vallée admirable, au pied du volcan l'Irazu ; son altitude est
de 1417 mètres. Fondée au début de l'établissement des
Espagnols dans le pays, en 1563, elle a conservé jusqu'à
ces dernières années un certain cachet antique que sa recons-
truction, après le tremblement de terre de 1841, ne lui a pas
ôté. Son climat est plus frais que celui de San José, mais les
terres qui l'environnent sont moins fertiles. Reliée ces dernières années avec la capitale par un chemin de fer, Cartago
va être tête de ligne de la voie ferrée du plateau central à
l'Atlantique. L'affluence des travailleurs étrangers a naturellement enlevé à l'antique cité, ces dernières années, une
bonne part de son ancienne physionomie, et la ville se
transforme aujourd'hui à vue d'œil. Il y existait déjà de
beaux édifices comme le palais municipal, le collège de San
Luis et la caserne, sans parler de plusieurs églises construites
en pierre, abondante dans les environs ; on a bâti récemment
un grand marché et plusieurs édifices particuliers. Un tram-
way conduit, en une demi heure, de la ville aux bains
d'Aguacaliente dont nous avons parlé plus haut. Cartago
a aujourd'hui une population de 8 à 10.000 habitants.

Les deux principaux centres de population sur le plateau
central, un peu au N. et à l'O. de San José, sont les villes
d'**Hérédia** et **Alajuela**, reliées avec la capitale par une voie
ferrée. Hérédia est située à 1118 m. au-dessus du niveau de la
mer, et Alajuela à 900 m. Le climat de cette dernière ville est
un peu plus chaud que celui des autres parties du plateau. On
évalue la population d'Hérédia à environ 7000 habitants et
celle d'Alajuela à 8000. Toutes deux présentent un aspect
agréable et ont des édifices publics qui ne manquent pas

d'une certaine beauté autour de leurs places centrales ombra-
gées de grands arbres sur les côtés. Quoique capitales de provinces, toutes deux sont en bonne voie de prospérité : leur
importance est moindre que celle de San José et de Cartago ;
elles sont habitées par une population agricole et paisible
qui vit dans l'aisance.

Aux alentours des villes ci-dessus mentionnées, la campagne est couverte d'une multitude de villages florissants et à
demi enfouis au milieu des plantations qui couvrent le plateau. Là vit la véritable population de Costa Rica, puisque c'est
là que se trouvent les robustes et simples travailleurs qui
arrachent à la terre les produits qui font la richesse du pays.
Un air de bien être, s'alliant à une simplicité antique, caractérise la plupart de ces villages, supérieurs, sous quelques
rapports, à ceux de certaines parties de la vieille Europe.

En dehors du plateau central, il faut citer les deux ports
de **Puntarenas** et de **Limon** sur les deux océans qui bai-
gnent le Costa Rica, le Pacifique et l'Atlantique, et la petite
ville de **Liberia,** capitale de la province de Guanacaste, qui
n'a pas plus de 4000 habitants et dont le développement ne
se fera jamais qu'avec lenteur, à cause de son éloignement
des autres centres de population. Puntarenas et Limon sont
les chefs-lieux de deux demi-provinces (*comarcas*). Le premier de ces deux ports a été pendant longtemps le principal entrepôt du commerce du pays, tant pour l'importation que pour l'exportation. Il a perdu sa prépondérance
par suite de la construction du tronçon de voie ferrée de
Limon à Carrillo sur l'Atlantique ; son port, envahi par les

sables, n'est plus aussi fréquenté aujourd'hui par les navires étrangers qu'il l'était anciennement. Puntarenas jouit d'un climat sain la plus grande partie de l'année et sert de lieu de villégiature pour les familles aisées de l'intérieur du pays qui vont passer quelques mois sur la côte, pendant la belle saison. Limon, quoique peu salubre, comme tous les ports de la côte de l'Atlantique, de l'embouchure de l'Amazone à celle du Mississipi, est cependant appelé à un grand avenir. La construction du chemin de fer du Reventazon en fera le port de plus facile accès pour les habitants de l'intérieur du pays, et le point de débarquement le plus avantageux pour les marchandises venant d'Europe ou des Etats-Unis.

Au point de vue administratif, Costa Rica est divisé en 5 provinces et 2 demi-provinces qui, a leur tour, se partagent en cantons. Le tableau suivant permettra de juger l'importance de chacune de ces divisions.

Statistique de l'année 1888.

Province de San-José (6 cantons).	63.406 hab.
Province d'Alajuela (6 cantons).	51.037 »
Province de Cartago (3 cantons).	33.887 »
Province d'Hérédia (5 cantons).	29.409 »
Province de Guanacaste (5 cantons)	16.323 »
Comarca de Puntarenas (3 cantons)	8.409 »
Comarca de Limon (1 canton).	1.707 »
Total	204.228 hab.

3. Le Gouvernement. — Depuis la date mémorable du 15 septembre 1821, jour où fut proclamée à Guatemala l'indépendance de l'Amérique centrale, Costa Rica est une république représentative. La constitution actuellement en vigueur fut proclamée le 7 décembre 1871. Elle garantit notamment aux citoyens l'égalité devant la loi, le droit de propriété, l'inviolabilité du domicile, les droits de pétition et de réunion, la liberté de pensée et la liberté de parole et le droit d'habeas corpus. La jouissance de tous les droits civils du citoyen s'applique aux étrangers aussi bien qu'aux Costariciens.

La division des pouvoirs est nettement établie. Un **congrès** dont les membres sont nommés par des électeurs à qui le peuple a déféré ses droits, forme le pouvoir législatif. Ce congrès compte actuellement 28 membres et siège généralement du mois de mai à la fin de juin. Il est cependant souvent prorogé jusqu'en août. Au terme de sa session annuelle, il choisit dans son sein une **commission permanente** de 5 membres qui s'occupe pendant toute l'année des affaires les plus urgentes. La discussion du budget est toujours la partie principale des travaux du congrès. Néanmoins, depuis quelques années, les contrats que le Gouvernement passe avec les compagnies ou les particuliers — nationaux ou étrangers — sont soumis à ses délibérations. Dans leurs décisions, les assemblées législatives de Costa Rica ont toujours montré un véritable esprit de modération et de justice, et un grand intérêt pour le progrès et le développement du pays.

Le pouvoir exécutif est entre les mains du **président de la République** qui l'exerce avec l'aide de **secrétaires d'Etat** choisis par lui et formant son cabinet. Le président est nommé pour quatre ans; il n'est pas rééligible immédiatement. En cas de maladie grave ou pour tout autre motif l'obligeant à se séparer de sa charge. il appelle au pouvoir un des trois personnages que le congrès indique au commencement de chaque période présidentielle et qui portent le nom de **désignés**. (1) Le président de la République est nommé par les mêmes électeurs que le congrès. Il jouit d'un pouvoir assez étendu : la nomination des secrétaires d'Etat, des agents diplomatiques et de tous les employés de l'administration lui appartient, et, depuis plusieurs années, il joint à sa charge le commandement général de l'armée. Cette dernière mesure a mis Costa Rica à l'abri des révolutions militaires si fréquentes dans l'histoire des républiques hispano-américaines. Le président jouit du droit de veto, mais limité. Si le congrès maintient, à la majorité des deux tiers des voix, une loi votée par lui et frappée de veto par le pouvoir exécutif, celui-ci ne peut plus refuser sa sanction.

D'après le budget pour l'exercice 1889-90 le président, chef suprême de l'armée jouit d'un traitement mensuel d'environ 1500 piastres. Il lui est assigné, en plus, une somme de 6000 piastres pour frais de représentation, et la nation prend à sa charge certaines dépenses de sa maison.

Les **secrétaires d'Etat**, à qui la loi — peut-être démocratique à l'excès — refuse le titre de ministre, sont actuellement au nombre de quatre ; chacun d'eux est chargé de plu-

1. Le président actuel, le général Don Bernardo Soto, à qui le pays doit la plus grande partie de son développement pendant ces dernières années, vient ainsi de remettre le pouvoir pour raisons de santé, au second *désigné*, Don Ascension Esquivel, jurisconsulte dont la réputation a dépassé les frontières du Costa Rica (juillet 1889).

sieurs portefeuilles. Le ministre des affaires étrangères est en même temps ministre de la justice et des cultes. Celui des finances est aussi ministre du commerce et de l'instruction publique. Pendant longtemps Costa Rica n'a eu que deux secrétaires d'Etat à côté du président de la République ; le développement considérable qu'a pris le pays, ces dernières années, a rendu nécessaire la division d'un travail devenu trop lourd. Chaque secrétaire d'Etat présente annuellement au Congrès un rapport détaillé exposant les actes de l'administration auxquels il a pris part. Les crises ministérielles qui se produisent de temps en temps, comme dans tous les pays vraiment démocratiques, n'influent généralement en rien sur la bonne marche des affaires ; en tout cas, elles laissent l'immense majorité de la population très indifférente.

A la tête de chaque province se trouve un **gouverneur**, dépendant directement du pouvoir exécutif. Les agents immédiats du gouverneur sont placés à la tête de chaque canton et ils ont, à peu de chose près, les mêmes fonctions que les maires en France. On leur donne le nom de **chefs politiques**. A côté des chefs politiques, et pour la même division territoriale, il existe une **municipalité**, chargée des intérêts purement locaux.

L'organisation des tribunaux est très simple, et la justice se rend sans grands frais. Les **alcaldes** sont à la base de l'échelle hiérarchique judiciaire ; au-dessus d'eux viennent **les juges de première instance**, deux **cours d'appel** et **une cour de cassation**. Ces trois dernières cours réunies, forment **la Cour suprême de justice** qui a son siège à San

José, et dont les membres sont nommés par le Congrès. Le **jury** est établi dans la République; ll se compose de sept membres seulement. (1)

Les **tendances** actuelles du gouvernement de CostaRica font le plus grand honneur aux hommes qui, depuis quelques années, exercent le pouvoir. Après une période de dictature qui comprend les années 1870 à 1882, ce pays semble renaître au souffle de la liberté, sagement respectée par les derniers présidents au pouvoir. Après avoir contracté, pendant la période à laquelle nous venons de faire allusion, une dette intérieure et extérieure énorme, et vu son crédit s'épuiser presque complètement, Costa Rica, rendu à lui-même, s'est efforcé de faire honneur à ses engagements. Sa situation financière actuelle — comme nous le verrons plus loin — est aujourd'hui très satisfaisante. Le gouvernement s'impose toutes les économies compatibles avec les travaux et les réformes qu'exige le progrès du pays. Il corrige peu à peu tous les anciens abus, mais sans négliger aucun intérêt vital. Le budget de l'instruction publique augmente chaque année ; tout ce qui a rapport au développement de l'agriculture ou de l'industrie est sûr de trouver un appui sérieux auprès du gouvernement. La marche en avant, mais la marche prudente, sans luttes, sans froissement des idées d'autrui, la marche à la conquête de la richesse et de la prospérité nationales, voilà ce qui caractérise, dans son ensemble, l'œuvre du gouvernement costaricien. Quelques légers

1. Le meilleur résumé des institutions politiques de Costa Rica est le petit traité d'*Instruction civique* publié par Don Ricardo Jimenez, jeune avocat de beaucoup de talent et ex-ministre. San José 1888.

abus traditionnels, des erreurs momentanées, les vices même, non encore disparus, n'ont plus dès lors qu'une importance secondaire pour l'observateur impartial qui, comparant le présent au passé, peut prévoir à coup sûr un heureux avenir.

4. Vie publique. — Il est d'usage de considérer en Europe les pays de l'ancienne Amérique espagnole comme la terre par excellence des luttes politiques à main armée et des révolutions militaires. Cette opinion est absolument erronée pour Costa Rica. Rien ne serait plus contraire à la vérité que de croire que le jour de proclamation de son indépendance a commencé pour ce pays *l'ère des pronunciamientos*. Il est vrai, que, depuis 1821, les présidents ne se sont pas succédé toujours légalement. Il y a certes eu des luttes où la force a primé le droit ; on compte, dans l'histoire de Costa Rica, quelques révolutions de caserne ; mais je ne crains pourtant pas d'affirmer, en toute justice, que ce pays se place, sous ce rapport, bien au-dessus de beaucoup d'autres jeunes républiques américaines. En tout cas, la grande masse de la population, le peuple des campagnes principalement, n'a jamais pris une part active à ces agitations passagères. Le sang n'a coulé sur la terre costaricienne, versé par des mains fratricides, qu'en de si rares et si exceptionnelles circonstances, qu'il est inutile d'en faire mention.

Ce qui caractérise plutôt les luttes politiques à Costa Rica, c'est un calme parfait. Comme il n'existe pas de **partis** nettement définis, on discute plutôt la personne des candidats.

4

San José ou Cartago voient bien, il est vrai, à l'approche d'une élection pour la présidence, paraître nombre de journaux à polémique assez acerbe, mais le peuple n'aime guère à politiquer et les élections se passent toujours avec beaucoup d'ordre et de calme.

La **politique extérieure** mérite aussi, depuis longtemps, les plus grands éloges. Nous avons cité plus haut, en parlant des frontières et du canal de Nicaragua, les arbitrages auxquels Costa Rica a soumis ses différents avec ses voisins, la Colombie et le Nicaragua, au lieu d'avoir recours aux armes, exemple digne d'être imité. On travaille activement à réaliser, par les voies pacifiques, l'union de toutes les républiques centro-américaines. Un congrès s'est tenu l'année dernière à San José, et plusieurs de ses décisions prouvent que l'entente n'est pas loin de se faire entre les cinq nations sœurs. On obtiendra par la voie pacifique ce que le général Barrios, président du Guatémala, aurait voulu exécuter de vive force.

L'armée se compose de tous les citoyens de la république qui doivent le service militaire de l'âge de 18 à 50 ans ; mais, en pratique, il en est autrement. Seuls les jeunes gens de la campagne sont appelés tour à tour à passer deux ou trois mois dans les casernes où on leur donne quelques rudiments d'instruction militaire. Cette instruction est très suffisante, d'ailleurs, pour les combats de *guerrillas* qui se livreraient à Costa Rica, si jamais ce pays cessait d'être en paix avec ses voisins. Quels que soient les bouleversements qui se produisent encore dans l'Amérique centrale, Costa Rica échappera toujours facilement à l'invasion étrangère, grâce à sa situation retirée et à la concentration de sa population sur un plateau de difficile accès, coûtant très peu à défendre. L'armée a prouvé sa valeur en 1856 en prenant la part la plus active à l'expulsion des flibustiers de Walker, qui avait envahi et déjà conquis le territoire de la république voisine de Nicaragua.

En temps de paix, le nombre de soldats de l'armée permanente peut s'élever jusqu'à 1000 hommes. Dans les cas de révolution intérieure, la force armée peut être portée à 5000 hommes ; en temps de guerre, enfin, Costa Rica peut mettre sur pied de 20 à 30,000 soldats.

L'organisation de la **police**, objet de l'attention spéciale, du gouvernement, est très bonne, surtout dans les villes principales. Les agents se distinguent non seulement par l'activité et l'exactitude de leur service, mais encore par leur bonne tenue et leur politesse. On peut, sans le moindre danger, parcourir seul et sans armes jusqu'aux parties les plus reculées et les plus isolées de la République.

5. **Instruction publique**. — Dans aucun domaine. Costa Rica n'a fait autant de progrès, ces dernières années, que dans celui de l'instruction publique. Il est juste de dire ici que ces progrès sont dus surtout au zèle infatigable du ministre en charge depuis 4 ans, Monsieur Mauro Fernandez, que tout le monde s'accorde à reconnaître comme le véritable organisateur de l'instruction publique du pays.

Sur le budget destiné à l'exercice 1889 90, budget qui monte à un peu plus de quatre millions de piastres, 350000 sont destinées à l'instruction publique. Ce département occupe donc le 3me rang.

L'instruction primaire est gratuite et obligatoire pour tous les enfants de 7 à 14 ans. Elle embrasse la lecture, l'écriture, l'arithmétique, la géométrie objective, la géographie, l'histoire nationale, la morale, l'instruction civique, le chant et la gymnastique. Ils faut joindre à ce programme, pour les garçons, les exercices militaires et, dans les compagnes, des notions d'agriculture ; pour les filles, les ouvrages à la main et des notions d'économie domestique.

Le nombre des écoles primaires est aujourd'hui de près de 300, que fréquentent 15 à 20000 élèves. Ces chiffres nous paraissent d'autant plus satisfaisants que, d'après le recensement de 1883 environ 12 0/0 de la population de Costa Rica savait lire et écrire.

Pour faciliter l'administration scolaire, le territoire de la république a été divisé en districts spéciaux correspondant, à peu près, aux divisions politiques des cantons. La dissémination des maisons sur quelques points du territoire empêche encore que tous les enfants jouissent des bienfaits de l'instruction primaire. On peut prévoir cependant que, dans une vingtaine d'années, le nombre des illettrés aura diminué dans une énorme proportion et que ceux-ci constitueront non plus la régle, mais l'exception.

Le gouvernement a fondé, il y a quatre ans, à San José, une **école normale** pour laquelle il a créé 50 bourses. Celles-ci sont réparties entre les diverses provinces et destinées aux eunes gens pauvres et studieux que leurs goûts portent à suivre la carrière de l'enseignement. L'école normale, après d'humbles débuts, a pris aujourd'hui un tel développement qu'elle s'est transformée en un **lycée** complet, où près de 500 enfants recoivent l'instruction primaire et secondaire. La division supérieure du lycée qui comprend 4 années d'études et d'où l'on ne sort qu'à l'âge de 18 ans, se divise en trois sections : classique, commerciale et normale. Le lycée délivre, à la suite d'examens spéciaux, des certificats de maturité, équivalents aux baccalauréats étrangers, et correspondant à chacune des trois sections dont nous venons de parler. Des professeurs européens engagés spécialement sont aujourd'hui chargés de l'enseignement supérieur, mais le gouvernement fait étudier, dans les universités ou les académies de la Suisse, de la France ou de la Belgique, un certain nombre de jeunes costariciens bien doués qui mettront certainement un jour leur pays à même de ne plus rien demander à l'étranger, dans ce domaine.

Divers **instituts** privés existaient avant la fondation du lycée, ils ont aujourd'hui disparu et sont remplacés par un institut national, à Alajuela, et par un collège particulier, à Cartago. Hérédia aura bientôt aussi son établissement d'instruction supérieure. Il existe, à San José, un séminaire placé sous la haute direction de l'évêque.

On va terminer, cette année, à San José un magnifique édifice destiné à **l'Ecole supérieure des jeunes filles**. L'organisation de cette école est calquée en partie sur celle du Lycée et possède une section normale très fréquentée. Il existe aussi dans la capitale un internat dirigé par des sœurs françaises de Sion.

En 1844, s'était fondé à San José un établissement d'instruction supérieure sous le nom d'Université de Saint-Thomas. Destinée surtout aux études juridiques, cette université s'est éteinte l'année dernière. On l'a remplacé par une **Ecole de droit**, à côté de laquelle on établira prochainement d'autres écoles spéciales, afin de préparer les jeunes gens pour les études supérieures dans les universités étrangères.

La culture intellectuelle générale du pays, devons nous ajouter, est déjà arrivée à un degré très satisfaisant. Des presses de **l'imprimerie nationale** sortent d'excellentes publications : livres destinés aux écoles, recueils de statistique, bulletins de l'Institut physico-géographique et du Musée, journaux d'éducation, opuscules utiles aux agriculteurs, annales juridiques publiées par la Société des avocats, sans parler du Journal officiel, des rapports annuels des différents départements ministériels et de beaucoup d'autres travaux.

La **presse** du pays est représentée, en temps ordinaire, par cinq ou six journaux qui s'impriment presque tous à San José et font autant de littérature que de politique. En temps d'élection, surtout d'élection présidentielle, comme nous l'avons déjà dit, leur nombre augmente considérablement, mais l'existence de presque tous ces nouveau-nés n'est que passagère.

Les Costariciens sont amis des **arts**, de la musique surtout. Il existait à San José un ancien théâtre municipal que le tremblement de terre du 30 décembre 1888 a fort endommagé ; on a le projet d'en bâtir un autre. Des troupes de passage y

représentaient des vaudevilles et des opérettes et faisaient des
recettes suffisantes. Aujourd'hui, le principal divertissement
de la population consiste à aller entendre, le jeudi et le diman-
che, le concert que la musique militaire donne dans l'après-
midi au parc central, et qu'elle répète le soir devant le palais
présidentiel. Une société philharmonique, dont les membres
se réunissent deux ou trois fois par semaine, donne de temps
en temps des concerts vocaux et instrumentaux. Dans presque toutes les maisons enfin, on trouve un piano qui, touché par
des mains habiles, donne un peu de gaieté aux réunions du soir
ou *tertulias*, et permet aux fiancés de faire un tour de valse
sous l'œil des vieux parents, discutant le dernier prix courant
des cafés, ou les petites nouvelles du jour.

6. Les étrangers. — L'article 12 de la constitution actuellement en vigueur dit :

« Les étrangers jouissent, dans le territoire de la nation, de
« tous les droits civils de citoyen : ils peuvent exercer leur
« industrie et pratiquer leur commerce, posséder des biens-
« fonds, les acheter et les vendre, naviguer sur les côtes ou
« dans les rivières, exercer librement leur culte, servir de té-
« moins et se marier conformément aux lois. Ils ne sont pas
« obligés à se faire naturaliser, ni à payer des contributions
« forcées extraordinaires. » (1).

Ces privilèges ont toujours été fidèlement observés ; aussi
les étrangers ont-ils afflué à Costa Rica de tout temps, mais
principalement dans ces dernières années. Suivant la statisti-

1 *Constitución política de la República de Costa Rica.* 1871. Tit. II. Sec.
3. Art. 12.

que officielle,leur nombre s'élèverait aujourd'hui à 6856 individus; nos propres renseignements nous portent cependant à
croire que ce chiffre est au-dessous de la vérité,et la proportion
véritable est d'environ un étranger pour 25 habitants. La colonie européenne la plus nombreuse est la colonie espagnole
qui compte de 7 à 800 membres ; viennent ensuite, par rang
d'importance, les colonies allemandes, anglaise et française
qui marchent de pair avec celle des Etats-Unis, et comprennent toutes de 2 à 300 membres, suivant la statistique officielle. Les travaux du chemin de fer du Reventazon ont été
la cause de l'augmentation passagère de quelques colonies.
Les Italiens se sont trouvés ainsi l'année passée au nombre
de près de 1500 ; les nègres de la Jamaïque, qui les ont remplacés, sont aujourd'hui très nombreux dans la province de
Cartago. Les habitants du Nicaragua et ceux de la Colombie
forment à eux seuls un quart de la population étrangère.

Ce qui attire en premier lieu les étrangers, ce sont les excellentes conditions climatériques dans lesquelles se trouve
Costa Rica, conditions qui permettent à l'européen, comme
nous l'avons vu, de vivre sans danger un peu partout dans le
pays. Mais leur affluence provient aussi, et surtout, de la
protection décidée des autorités et de l'excellent accueil que les
habitants de toutes les classes ont toujours fait aux éléments nouveaux établis parmi eux. Plus sage que beaucoup de ses congénères trop jalouses, de l'homogénéité de
leur population, la petite République a compris, dès sa naissance qu'elle n'avait que des avantages à retirer du courant
de capitaux, d'idées et de bras robustes qui se dirigeait vers
elle. Au lieu de repousser l'étranger, elle l'a attiré sur son
territoire, l'a considéré comme un hôte et lui a généreuse-

ment facilité son établissement chez elle. Plusieurs des émigrants arrivés à Costa Rica, il y a 50 ans, sont aujourd'hui chefs de familles nombreuses, tellement assimilées à la nation dont elles ont fait leur seconde patrie. qu'il est difficile de les distinguer des familles de souche purement costaricienne.

Les **ministres** ou **consuls étrangers** accrédités auprès de la République ont d'ordinaire leur résidence à Guatémala et s'occupent des intérêts de leurs nationaux répartis dans toute l'Amérique centrale. Il a y cependant à San-José des représentants officiels des Etats-Unis, de l'Allemagne, de la France, de l'Angleterre, de l'Espagne, de l'Italie et des principales républiques de l'Amérique centrale et de l'Amérique du Sud. Le Gouvernement de Costa Rica a toujours résolu, à l'amiable, avec eux, toutes les questions se rapportant aux intérêts de leurs nationaux.

La République est représentée. à l'étranger par des Agents diplomatiques et consulaires.

CHAPITRE III

TERRAINS ET CULTURES

1. Les terres. — Le territoire de Costa Rica jouit dans toute son étendue d'une **fertilité** exceptionnelle. On peut en voir une preuve remarquable dans le plateau central, cultivé sans interruption en quelques endroits depuis des siècles, sans restitutions ni engrais d'aucune sorte, et produisant néanmoins encore des récoltes rémunératrices. Beaucoup d'essences d'arbres y reprennent avec une grande facilité ; même de grosses branches coupées et plantées sans aucun soin vivent et prospèrent. Les haies ne sont à l'origine qu'une lignée de pieux ; en quelques mois la nature se charge de les couvrir de feuilles et de jeunes rameaux. Les poteaux de télégraphes, faits généralement avec les troncs tordus de l'arbre au bois très dur qu'on nomme *guachipelin* dans le pays, ne sont pas à l'abri de cette puissance de végétation. Quoique secs, brûlés ou goudronnés dans la partie destinée à être enfoncée en terre, il leur arrive quelquefois de se charger d'une couronne de feuillage.

L'immense majorité des terres est encore vierge de culture récente, et même, selon toute probabilité, une grande partie d'entre elles n'a jamais été cultivée antérieurement, ni avant, ni depuis la conquête. A la fertilité s'allie la qualité, comme dans toute la zone, privilégiée sous ce rapport, qui est comprise dans le monde entier entre le 10° de latitude sud et le 15° de latitude nord. Cette zone est vraiement la patrie du café : le territoire de Moka, Ceylan, Java, Manille, la Martinique, tous pays célèbres non seulement par leur fertilité, mais encore par l'excellence de leurs produits.

Presque partout, à Costa Rica, les terres se trouvent dans les meilleures conditions pour récompenser le travail. Elles sont admirablement arrosées, desservies par des fleuves souvent navigables et boisées des essences les plus riches et les plus utiles. Leur composition varie aussi beaucoup. Les terres limono-ferrugineuses et les terres silico argileuses dominent. Sur tout le plateau la couche de terre végétale atteint une épaisseur remarquable.

Les trois quarts, à peu près, du territoire sont encore **propriétés nationales**. Néanmoins une très notable partie en a été aliénée déjà au profit des entreprises de chemins de fer, et une autre partie réservée spécialement pour le nouveau projet de la ligne du nord et pour le canal interocéanique du Nicaragua. Ces aliénations comprennent toujours des lots alternés dont le gouvernement se réserve un lot sur deux. Cette mesure a pour but d'éviter les dangers des trop grandes propriétés d'un seul tenant, souvent laissées longtemps en friche, au détriment du progrès général.

La vente des terres du gouvernement est régie et le prix en est déterminé par la loi. Les prix sont très bas, et l'acquéreur a dix ans pour s'acquitter de sa dette moyennant un intérêt de 6 0/0 annuel. Ces avantages font que la quantité de terres disponibles diminue rapidement. Le maximum d'hectares que la loi permet de vendre à une seule personne est de

500. L'acquisition de ces terres en fait des propriétés définiti-
ves ; cependant des dispositions spéciales régissent celles qui
sont situées sur les deux rives des fleuves navigables, à un
kilomètre et demi de chaque côté, et celles qui avoisinent les
routes, sur 250 mètres de profondeur ; on les donne gratui-
tement, par lots de 50 hectares au bord des rivières et de 6
hectares au bord des routes, au premier occupant ; elles restent
sa propriété tant qu'il y demeure et les exploite. Si pendant
trois années le terrain est abandonné, il retourne au domaine
public. Tout terrain cultivé et clôturé est acquis à celui qui
l'a mis en valeur, sans qu'il ait à en payer le prix.

Le prix des terrains dépend exclusivement de leur distance des centres, et de la plus ou moins grande facilité de
transport des produits obtenus. Il est donc à prévoir que,
dans un avenir très rapproché, quand les chemins de fer et
les routes projetées permettront les transports faciles, la terre
gagnera une plus-value énorme. Cette hausse se fera sentir
notamment pour les terrains si fertiles des grandes plaines
du nord.

Un hectare de forêt non défrichée des terres du gouvernement coûte de trois à cinq piastres papier, 10 et 18 francs.
On trouve à acheter aux particuliers des parties défrichées
depuis 50 piastres. Sur le plateau central les terrains nus
ne valent pas moins de 200, et ceux qui sont plantés en café
atteignent en certains endroits 1,500 piastres l'hectare.
Quand on songe à la distance relativement peu considérable
(10 à 20 lieues) du littoral et des centres de populations
des terrains encore en friche, on ne peut s'empêcher de
les déclarer dignes de l'attention des capitalistes et des

travailleurs européens. Les terrains des missions et du Chaco,
que le gouvernement argentin vend au même prix, sont si-
tués à des centaines de lieues dans l'intérieur du pays, et ne
valent peut-être pas ceux de Costa Rica.

Les **lois** qui régissent la propriété offrent une sécurité
aussi complète qu'en Europe, et quoique le cadastre général
ne soit pas encore terminé, chaque propriété particulière est
mesurée avec soin et le plan en est joint aux titres de propriété. Le Code fiscal publié en 1888 fournit, à ce sujet, les renseignements les plus complets, et sera consulté avec fruit par
tous ceux qu'intéresse la matière. La transmission de la propriété se fait par le ministère des notaires publics. Il existe
un registre de la propriété et des hypothèques qui, comme
en Europe, donne pleine et entière garantie aux propriétaires.

Aucun **impôt** ne grève la propriété territoriale. Les propriétaires ont pour unique obligation de concourir à l'entretien des chemins qui desservent leur propriété. Les droits
d'enregistrement et de mutation sont très peu élevés. Rien
n'empêche ni n'entrave le morcellement si désirable des do-
maines.

La grande propriété domine dans tous les endroits éloignés
des centres, encore presque déserts ; mais là, où se groupe la
population, la division des terres est poussée fort loin. Il y a
bien peu de familles, même pauvres, qui ne possèdent pas leur
coin de terre et c'est, — pour le constater en passant, — à
cette qualité si générale de propriétaires que les Costariciens
doivent leur aisance, en même temps que le calme et l'esprit

de travail et d'épargne qui les distinguent très particulièrement entre toutes les populations centro-américaines.

2. Cultures essentielles. — Les cultures essentielles
sont peu nombreuses à Costa Rica. Elles se réduisent à quatre seulement : le café, la canne à sucre, le maïs et les haricots qui forment la base de l'exportation et de la consommation générale.

Le **café**, aujourd'hui principal produit du pays, et qui en
a incontestablement fait la richesse, n'était pas connu à
Costa-Rica, il y a cent ans. Les premiers grains, apportés de
la Havane (1), furent semés à Cartago à la fin du siècle dernier, et l'on voit encore dans cette ville les troncs des plants
qui fournirent des graines à tout le pays et même à toute
l'Amérique centrale. Les *haciendas* ou plantations de café que
l'on rencontre au Nicaragua et au Guatémala furent, en effet,
à l'origine, l'œuvre de Costariciens. La propagation du précieux arbuste se fit lentement, malgré les efforts de plusieurs
personnes éclairées qui prévoyaient le grand développement
que cette culture devait prendre un jour, et les immenses
avantages qu'elle rapporterait au pays. C'est seulement à partir de l'année 1840 que les plantations commencèrent à devenir
nombreuses, grâce surtout aux mesures du gouvernement qui
mit en vente certains terrains municipaux, avec la condition
expresse qu'ils seraient plantés de caféiers. En 1861, Costa

1. La question de l'introduction des premiers plants de café à Costa-Rica
a donné lieu à diverses controverses qui n'ont qu'un intérêt purement historique. Il est certain que cette introduction ne remonte pas à plus d'un siècle.

Rica exportait déjà 100,000 quintaux de café, et, dès lors, sa production a été en augmentant chaque année. Aujourd'hui le plateau tout entier, de Cartago à Alajuela, est couvert de plantations du plus magnifique aspect en toute saison, mais principalement en avril, quand les arbustes montrent leurs fleurs blanches et odorantes, ou en décembre, quand leurs baies rouge-cerise brillent entre les feuilles d'un vert sombre.

C'est seulement au bout de quatre années que l'arbuste a atteint la hauteur de deux mètres environ et est en pleine production. On sème en pépinière, et quand les plants ont un an, on les transplante dans l'endroit qu'ils doivent occuper définitivement. Les pieds sont généralement disposés en longues allées, et se suivent à la distance d'un mètre et demi à deux mètres l'un de l'autre. La plantation en quinconce est rare. Entre les arbustes, on place des bananiers dont les larges feuilles protègent le jeune caféier des rayons du soleil. Ces bananiers, qu'on coupe tous les ans, sont, d'ailleurs, le seul amendement accordé au sol. Depuis peu, divers agriculteurs ont essayé d'augmenter leurs récoltes en fumant leurs terres avec du guano : quoique les résultats produits aient été très satisfaisants, l'emploi de cet engrais, assez coûteux à Costa Rica, ne s'est pas généralisé. Outre les bananiers, les plantations de café (*cafetales*) renferment d'ordinaire, bordant leurs allées principales ou s'élevant au milieu des caféiers, de grands arbres touffus, avocatiers, ficus, orangers ou asiminiers, qui donnent de loin au plateau central tout entier l'aspect d'un vaste verger éternellement vert, car les rares espèces dont les feuilles tombent, chaque année, à Costa Rica, les remplacent immédiatement.

La **culture** du café exige des travaux presque continus
pendant toute l'année. La fertilité du sol fait naître les
mauvaises herbes en si grande quantité qu'à peine a-t-on
fini de sarcler en un endroit qu'il faut recommencer. Ce nettoyage s'opère à la pelle et au *machete*, ce qui le rend excessivement long et coûteux. Dans les terrains déclives, — et on
en rencontre beaucoup sur le plateau qui est très raviné, —
les torrents d'eau qui s'abattent parfois sur le sol ,pendant la
saison des pluies, entraînent beaucoup de terre. Il faut donc
souvent recouvrir le pied des arbres à moitié déchaussés. Puis
on est obligé de racler au couteau le tronc et les branches
des arbustes qui se couvrent de lichens et de mousses en telle
abondance que la plante en souffre. Après la récolte, on
visite soigneusement chaque plant et on émonde toutes ses
branches sèches. On ne connaît pas à Costa Rica de maladie
porticulière au café, si ce n'est quelques cas isolés de dépé-
rissement à la suite du jaunissement et de la chute des
feuilles ; mais la plante, en général, vient partout très saine
et très vigoureuse.

Le café cultivé à Costa Rica n'appartient pas à une seule
espèce. A côté du type ordinaire, se rencontre une espèce
spéciale au pays et caractérisée par un port moins élevé, une
ramification plus dense et une agglomération plus compacte
de fruits autour des rameaux. On donne à cette espèce le nom
de *café de San Ramon* (1). Malgré sa belle apparence, le café
de San Ramon n'est pas généralement cultivé. On a introduit
aussi, ces dernières années, à Costa Rica l'espèce appelée *café*

---

1. San Ramon est une localité assez important, située dans la région
N.-O. du plateau.

de Liberia. Les essais n'ont pas donné jusqu'à présent de résultats satisfaisants. Sur le plateau, ce café a des baies mûres toute l'année, grand inconvénient pour la récolte qu'on ne peut pas faire à époque fixe. Cultivé dans des parties plus chaudes du pays, le café de Liberia produirait probablement plus de fruits qui atteindraient leur maturité. Les essais sont commencés et, dans quelques années, on sera fixé sur les avantages que peut procurer l'introduction de cette espèce à Costa Rica.

La **récolte** du café se fait au commencement de la belle saison et dure de décembre à mars généralement. Certaines années, la maturité est plus hâtive pour une partie des baies, et il faut alors double cueillette. Les femmes et les enfants sont chargés de ce travail, parfois pénible : à peine mûres une partie des baies tombe à terre et c'est à genoux qu'on les ramasse. Les fruits qui restent sur l'arbre sont enlevés sans grandes précautions. Celles-ci seraient pourtant très nécessaires, car les bourgeons à fleurs se développent sur les branches presque immédiatement après la maturité des baies, et, en arrachant ces dernières à poignées, on détruit toujours une partie de la future récolte. Il est malheureusement impossible de payer les ouvriers à la journée : la récolte doit se faire vite, afin que le séchage, la préparation et la mise en sacs, dont nous parlerons plus loin, puissent s'effectuer avant le retour de la mauvaise saison. C'est surtout à l'époque de la récolte du café qu'il manque de bras à Costa Rica.

Pour juger de la quantité de travail effectué par les femmes et les enfants à la tâche, on leur remet une corbeille,

5

de la contenance de 18 à 20 litres, qui leur est payée pleine au prix moyen d'un *réal*, c'est-à-dire de 40 centimes environ. Une bonne travailleuse remplit de 8 à 10 fois sa corbeille dans la journée.

La **production** du café varie suivant les terrains. On estime cependant qu'un arbre en bon rapport doit donner 1 livre et demie de café sec. L'hectare dans des terrains très fertiles produit jusqu'à 50 quintaux de café mis en sac ; la moyenne de la production est de 18 à 20 quintaux. La production est naturellement soumise aux viscissitudes de la récolte. Il est rare qu'il y ait deux bonnes années de suite ; cependant les chiffres sont très satisfaisants pour toutes les dernières récoltes.

En 1887 la production a été de 261,638 quintaux, représentant une valeur de 5,231,766 piastres ; en 1888, on a récolté 282.844 quintaux, valant 5,656,892 piastres (1).

Le **prix** du café augmente toutes les années. En 1884, il n'était que de 10 piastres le quintal (de 92 livres) ; en 1885, de 12 1/2 ; en 1887, nous le trouvons coté à 18 piastres et l'année dernière, on l'a payé jusqu'à 20 et 22 piastres. Cette augmentation provient de plusieurs causes. Il y a d'abord le prix élevé atteint par le café de Costa Rica sur le marché européen, le marché anglais en particulier, hausse due autant à l'excellence reconnue du produit qu'à la diminution considérable de la récolte du Brésil, ces dernières années.

1. Les chiffres sont un peu différents de ceux que donne l'*Annnaire statistique* qui compte pour le quintal les 100 livres espagnoles dont le poids n'est équivalent qu'à 46 kilogrammes. La piastre dont nous parlons ici est la piastre papier valant environ fs 3,50, le change variant entre le 30 et le 50 0/0.

Puis il faut considérer aussi la forte élévation du change
actuel à Costa Rica où l'or fait aujourd'hui 50 0/0 de prime,
tandis qu'auparavant cette prime n'était que de 12 à 15 0/0. La
piastre qui ne vaut plus que f^s 3,33 valait donc à cette époque
f^s 4,46 ou f^s 4,85. Néanmoins, en tenant compte de cette différence dans le change, on doit encore admettre que le prix du
café a haussé d'un tiers depuis 5 ans. Le pays tout entier s'est
ressenti de cet accroissement de valeur de ce produit d'exportation, et ses progrès gigantesques ont pour cause principale
ce subit accroissement de richesse.

Après le café, vient la culture de la **canne à sucre.**
Elle réussit depuis les côtes jusque sur le plateau ; cependant, pas plus que le café, elle ne dépasse l'altitude de
1400-1500 mètres. Ses produits ne figurent pas dans le tableau
des exportations. On les consomme tous sur place. La canne
à sucre est en effet employée à divers usages. Il n'existe
pas encore de raffineries de sucre dans le pays. Plusieurs fabriques bien montées et importantes font du sucre turbiné et
en poudre dont la consommation ne dépasse pas le cercle des
habitants des villes. Les gens de la campagne préfèrent le sucre tout à fait brut, qui n'est que le jus de canne épaissi et dé-
féqué, qui se vend en pains de différents poids, et dont la couleur terreuse n'est guère agréable à l'œil ; c'est ce qu'on appelle le *dulce*. Ce même *dulce* sert à la fabrication de l'eau-de-
vie du pays, *aguardiente* ou *guaro* que le gouvernement dis-
tille dans une fabrique nationale située à San José, et dont il a
monopolisé la vente. La canne à sucre sert enfin d'aliment
pour les bêtes à cornes, les bœufs de trait surtout qui n'ont
pas d'autre nourriture dans leurs longs voyages du plateau

central à Carrillo ou à Esparta, têtes de ligne des voies ferrées venant de Limon et de Puntarenas.

On compte, dans tout le pays, environ 5000 hectares de terrain planté en canne à sucre. Ces 5000 hectares ont produit,en 1888, 11,008 quintaux de sucre valant 143,592 piastres et 123,324 quintaux de *dulce*, estimés à 1,340,280 piastres,

Le **maïs** réussit très bien dans toute la République, et on en trouve des champs (*milpas*) en plein rapport, jusqu'à la hauteur de 1800 mètres. C'est un des principaux aliments du peuple à Costa Rica. Pour le préparer, on le broie, après l'avoir fait cuire dans un lait de chaux ou avec des cendres de bois, entre deux pierres jusqu'à le réduire en pâte. De cette pâte on fabrique des espèces de galettes qu'on rôtit très légèrement en les exposant au feu pendant quelques instants. C'est ainsi qu'on obtient la fameuse *tortilla* qui sert de pain à tous les habitants de la campagne et dont beaucoup de personnes dans les villes ne peuvent se passer. On donne aussi le maïs aux chevaux et aux mules.

De 445.818 litres semés en 1888 on a récolté dans tout le pays 24.522.570, soit un rendement de 55 pour 1. Dans plusieurs cantons néanmoins, ce rendement a été dépassé de beaucoup.

Nous considérons enfin les **haricots** comme culture essentielle à Costa Rica, parce que, avec le maïs, ils forment la base de l'alimentation générale. Ce sont de petits haricots noirs, dits *frijoles*, qui paraissent sur la table du plus riche, comme sur celle du plus pauvre, à l'heure du repas du matin. On les plante à part dans les terrains secs, parfois au milieu des champs de maïs, et très souvent dans les endroits qui viennent d'être défrichés par le feu et qui sont encore encombrés de troncs d'arbres à moitié carbonisés.

195.853 litres de haricots, semés l'année dernière en ont produit 3.682.547, soit environ 19 pour 1.

3. Cultures spéciales. — A côté de ses cultures essentielles, Costa Rica possède encore un certain nombre de cultures spéciales dont l'importance n'est pas à dédaigner. Par cultures spéciales. nous désignerons celles qui ne sont généralement pas répandues dans le pays et, dont les produits entrent, pour une partie relativement peu considérable, dans l'exploitation et dans la consommation.

La culture en grand des **bananes** est toute récente à Costa Rica. C'est en 1880 seulement que les premiers 360 régimes furent envoyés aux États-Unis ; en 1884 on en récolta 425.000 et en 1888 la production a été de 893,245 régimes, représentant une valeur de 337.747 piastres.

Cette culture est concentrée dans la demi-province de Li mon, dans les terrains à moitié marécageux qu'on appelle les plaines de Santa Clara et que traverse le chemin de fer de Carrillo. Toutes les semaines des vapeurs chargés de bananes partent de Limon et vont décharger leur cargaison, à la Nouvelle-Orléans et à New-York. Sur ces marchés la consommation d'un fruit qu'on connaît à peine en Europe prend tous les jours plus d'importance. Malheureusement ces terrains de la côte de l'Atlantique, si propice à la production des bananes ne sont pas salubres. La mortalité n'a cessé d'être très grande parmi les travailleurs des *haciendas*. Les nègres semblent résister le mieux au climat de Santa Clara ; aussi sont-ils très nombreux dans cette partie du pays, et rares sur les autres points du territoire.

Nous avons dit, plus haut, que le bananier se rencontrait dans les plantations du café. Les fruits qu'il produit sur le plateau — très différents selon les variétés — sont un objet de consommation générale. On les mange bouillis verts, crûs ou frits à l'état de maturité. Ajoutons qu'on en fait du vinaigre, et que des essais pour en retirer du sucre et de l'amidon vaudraient la peine d'être tentés. Les bananes produiraient aussi plus avantageusement de l'eau-de-vie de bonne qualité que le dulce, mais les lois du pays ne permettent cette fabrication.

Le **cacao** avait autrefois à Costa Rica une importance qu'il a perdue aujourd'hui, quoiqu'il se cultive toujours sur les côtes de l'Atlantique et dans les plaines de San Carlos. Il est d'une excellente qualité, surtout celui de Matina, dans la contrée de Limon ; il rivalise avec les fameux cacaos mexicains Soconusco. Dans le but d'encourager le développement de la culture d'un produit aussi précieux, le gouvernement a payé ces dernières années, des primes de 4 et 5000 piastres aux agriculteurs propriétaires des meilleures plantations. Cet encouragement au travail et cette protection à l'agriculture, dont nous verrons plus loin d'autres exemples, n'ont pas été sans influer d'une façon sensible sur l'augmentation de la production du cacao dans le pays. La récolte de 1888 a été de 3000 quintaux environ dont la valeur est estimée à 165.770 piastres. La majeure partie de ce cacao se consomme dans le pays. On est obligé d'en importer encore de l'Equa-

teur et de la Colombie, quoique de qualité relativement très
inférieure.

Les **grains** ne sont pas cultivés à Costa Rica comme ils
pourraient l'être. Néanmoins le **riz** se récolte dans toutes les
provinces du pays, sauf dans celles de Hérédia et de Limon.
L'espèce connue à Costa Rica croît très bien dans les terrains
secs et n'a pas besoin d'être submergée, ni même irriguée.
On a semé en 1888, 72.564 litres de riz qui en ont produit,
1.975.998, c'est-à-dire que le rendement a été de 27 pour 1. Ce
rendement est considérablement plus élevé dans les parties
chaudes. On mange le riz du pays, non poli, ce qui le rend
moins blanc et de moins bonne apparence que celui qui vient,
de l'étranger, inférieur, lui, en pouvoir nutritif.

La culture du **froment** est presque abandonnée aujour-
d'hui. Les provinces d'Hérédia et d'Alajuela en sèment seules de petites quantités qui ne peuvent absolument pas suf-
fire à la consommation de la République. On importe surtout
les farines de la Californie, et c'est leur bas prix qui a contribué à la diminution des cultures de blé, beaucoup trop
peu rémunératrice, principalement en présence de la hausse
des cafés. Il serait à désirer que le gouvernement encoura-
geât la culture du blé, par des primes pareilles à celles qu'il
a accordées pour le cacao. On remplace ainsi peu à peu
la grande consommation du maïs, par la consommation
du froment, plus fortifiante, plus saine, plus favorable à la
santé générale.

Parmi les **racines féculentes**, il faut citer le **manioc doux** (*Manihot aipi*) qu'on appelle dans le pays *Yuca* et qu'on mange bouilli ; on en retire aussi de l'amidon. Le véritable **manioc** (*Jatropha manihot*), si commun dans toute l'Amérique du sud et dont on retire le *tapioca*, n'est pas connu dans le pays. La **patate douce** et **l'igname** se cultivent de préférence sur les côtes, mais ces deux plantes viennent aussi très bien sur le plateau. On mange encore la racine féculente et sucrée d'une espèce d'aroïdée qu'on appelle **tiquisque** dans le pays (*Colocasia esculenta*), et un grand nombre d'autres racines telles que celle des **chayote**, plus délicates que les yucas, les **aracachas** qui se rapprochent, comme goût, des pommes de terre, etc., etc.

La vraie **pomme de terre** réussit surtout dans la province de Cartago, sur les versants, un peu plus frais que le reste du pays, du volcan Irazu. Elle est là d'un assez bon rendement en quantité, et d'une qualité excellente. C'est une culture très rémunératrice, vu le prix toujours croissant qu'elle atteint sur le marché. L'année dernière, on en a récolté 1.681.477 litres, presque exclusivement dans la province que nous venons de citer. La culture de la pomme de terre prendra nécessairement plus d'importance encore, quand sera terminé le chemin de fer du Reventazon, car le précieux tubercule ne peut manquer de devenir un objet d'exportation très important pour la Colombie et les Etats voisins où le climat tropical en rend la culture impossible.

Les **fruits** comestibles ne sont pas dans le pays l'objet d'une culture spéciale. On rencontre partout, au milieu des

plantations, les principaux d'entre eux. Les **oranges**, les
citrons, les **pêches**, les **figues**, (1) les **coings**, les **grena-
des**, tous fruits importés d'Europe, viennent, très bien sur le
plateau. Parmi les fruits indigènes ou d'origine tropicale,
nous rencontrons l'**ananas**, l'**avocat**, l'**anone**, le **zapote**,
la **papaya**, la **pomme-rose**, le **monbin**, la **mangle**, la **grenadille**, la **noix de coco**, les fruits de plusieurs **palmiers**,
ceux de deux **cactus** et une foule d'autres moins importants.
Parmi les principaux fruits comestibles, citons encore la **to-
mate**, l'**aubergine** et les **piments**. Les fruits de diverses
cucurbitacées (*chiberre, ayote, chayote, zapayo*, etc.),
entrent aussi dans l'alimentation.

4. Cultures nouvelles. — Les cultures indiquées ci-
dessus ne sont pas seules capables de donner d'excellents
rendements à Costa Rica. Beaucoup d'autres pourraient certainement s'introduire avec succès dans le pays. Plusieurs
produits naturels mériteraient d'être l'objet d'une culture
spéciale et soignée qui, avec des améliorations, en ferait
de précieuses conquêtes. Divers essais ont été tentés jusqu'à
présent, mais sans résultats bien complets. Ces essais ont
néanmoins prouvé que presque toutes les cultures connues
sont possibles à Costa Rica, chose d'ailleurs facile à prévoir, pour un pays qui présente une telle diversité de zones.
Afin de systématiser ces essais et d'en profiter pratiquement,

1. Ces deux derniers fruits, quoique abondants dans le pays, appartiennent
à une variété très inférieure, et, coutume singulière, on ne les consomme que
verts. Il est presque impossible de trouver à acheter une pêche ou une figue
mûres.

le gouvernement vient de décider la création d'une **Ecole d'agriculture** où un champ d'expériences et un jardin d'acclimatation permettront non seulement de perfectionner les cultures déjà existantes, mais encore d'apprécier les meilleures cultures nouvelles. Les travaux de la nouvelle institution sont déjà commencés, et un personnel de professeurs, ayant étudié dans les meilleures écoles d'agriculture de la Belgique et de la Suisse, va se mettre à l'œuvre. On trouvera plus bas, l'indication des cultures qui ont le plus de chances de s'introduire un jour dans le pays.

La **vigne** est actuellement l'objet d'une sollicitude particulière de la part du gouvernement et de toutes les personnes qui s'intéressent aux cultures nouvelles. Depuis très longtemps, il existe dans le pays quelques treilles qui chaque année produisent du fruit. On a voulu acclimater dernièrement un certain nombre de ceps de provenance californienne aux portes même de San José; l'avenir dira si cette tentative a produit de bons résultats. Notre opinion est que les essais devraient se faire, non sur le plateau, mais plutôt sur les versants bien exposés de la Cordillère volcanique, ou sur les pentes des montagnes à gisements calcaires qui forment les chaînes du sud. Dans les plaines argileuses, les produits ne pourront jamais être que très inférieurs. Il est d'ailleurs probable que, dans quelques années, les différents problèmes qui se rapportent à la vigne, tels que l'époque de la taille, le mode de culture et le choix du terrain seront résolus victorieusement. Disons encore que la culture de la vigne a été interdite durant toute la durée de la domination espagnole.

Les **épices** seraient probablement à Costa Rica sur un terrain convenable. Comme nous l'avons déjà fait remarquer, le pays se trouve en effet à peu de choses près à la latitude des Moluques, de Ceylan et des Indes néerlandaises, pays qui ont, pour ainsi dire, le monopole de cette production jusqu'à présent. On cultive ici une espèce de **poivrier**, le piment de la Jamaïque, connu en Europe sous le nom de quatre épices, et on a tenté autrefois d'y introduire la **canelle**. La **noix de muscade** et les **clous de girofle** s'acclimateraient facilement.

La **vanille** existe à l'état sauvage dans les forêts vierges des terres chaudes. Quand on connaît le prix très élevé que ce produit atteint sur le marché, on ne peut s'empêcher de penser que sa culture récompenserait amplement celui qui saurait l'entreprendre.

Un **tabac**, d'excellente qualité, était cultivé autrefois à quelque distance de la ville de San José, dans les collines qui la séparent de Cartago. Malheureusement l'introduction du monopole de la vente a fait interdire cette culture. On ne fume aujourd'hui dans le pays que des tabacs étrangers, achetés en grande partie aux Etats-Unis et dans les républiques voisines, le San Salvador principalement. Néanmoins il y a tout lieu de croire que le gouvernement saura tôt ou tard concilier ses nécessités pécuniaires avec l'intérêt des cultivateurs, et que la source de richesse qui découlerait certainement de la culture du tabac, n'est pas tarie pour toujours.

L'indigo est d'une culture facile et très abondant sur la côte du Pacifique; on n'en retire toutefois pas beaucoup de profit à l'heure actuelle. La culture des plantes tinctoriales a d'ailleurs perdu de son importance partout, en présence de la concurrence, chaque jour plus redoutable, des couleurs minérales.

Un jardinier qui se vouerait à la culture des **légumes** serait certain de voir son travail amplement récompensé ; jusqu'à présent, il n'existe que très peu de jardins maraîchers et leurs produits ne sont ni très variés, ni très abondants. Les rares **horticulteurs** établis dans le pays ont aussi toujours fait de bonnes affaires, car la population est amie des fleurs. Celles-ci ne sauraient trouver un meilleur terrain pour s'épanouir et, à l'aide de quelques travaux d'irrigation, seraient abondantes toute l'année.

Le **manioc doux,** comme nous l'avons dit plus haut, est jusqu'ici la seule plante cultivée au point de vue industriel. On en retire un amidon de bonne qualité. Pour ne pas allonger indéfiniment cette liste des produits dont la culture perfectionnée est désirable, bornons-nous à ajouter encore qu'on pourrait, avec toutes chances de succès, entreprendre des plantations de **ricin**, de **sésame**, d'**arachide**, d'**olivier** et de **cocotier** pour la production de l'huile ; de **musa textilis,** d'**aloès**, de **ramie**, d'**ixtle** du Mexique, de **coton**, de **mûrier** (1) et d'un grand nombre d'excellentes plantes fibreuses indigènes, pour la production des fibres textiles. Divers essais

(1) Les vers à soie supportent parfaitement le climat de Costa Rica, on pouvait en voir en parfaite santé à l'Exposition nationale de 1886.

ont été tentés dans ce sens, et ont donné déjà des résultats très
appréciables. La culture en grand et l'exploitation ou la ma-
nufacture des produits, dans le pays même, ne s'est pas faite
jusqu'à présent. surtout à cause du manque de bras. Il est
probable néanmoins que. peu à peu, la population cessera de
se vouer à la culture, trop exclusive peut-être, du café et que,
dans quelques années une foule de nouveaux produits prendront une large place dans la statistique des exportations.

Ajoutons encore ici que l'introduction de la culture du **thé**,
dans le pays, serait non-seulement désirable, mais produirait
certainement les résultats les plus rémunérateurs.

5. Richesses naturelles forestières et agricoles. —

Les richesses naturelles végétales de Costa Rica sont en si
grand nombre et sont encore si peu étudiées, qu'il nous est
difficile d'en donner ici autre chose qu'un simple aperçu. Ce
n'est que plus tard, quand les espèces seront déterminées et
mieux connues et qu'on sera édifié sur la véritable valeur de
leurs produits, qu'on pourra songer à dresser un catalogue de
ces richesses, presque toutes encore inexploitées. Pour le
moment, nous nous bornons à quelques indications.

Comme dans toutes les contrées de l'Amérique centrale et de
l'Amérique du Sud, les **bois** sont à Costa Rica une des principales richesses naturelles. Ils ne sont, jusqu'à présent, l'ob·
jet que d'exploitations très restreintes, et seulement dans les
provinces voisines des ports de mer. On manque aussi de
connaissances certaines à leur sujet, et la diversité des noms
qu'on leur donne suivant, les provinces, augmente encore la
confusion. Quoi qu'il en soit, les collections particulières,

formées de bois du pays, de même que quelques travaux curieux de marqueterie, ont toujours fait l'admiration des connaisseurs. Parmi les espèces principales, citons, dans les **bois d'ébénisterie** : l'*acajou*, le *cèdre amer* (*Cedrela*) et le *cèdre odorant*, employés en Europe, l'un dans l'industrie cigarière et l'autre dans la fabrication des crayons ; le *gaïac*, le *mora*, le *quizarra*, le *cortez* (*Tecoma*), le *ronron*, le *cocobola*, le *grenadille*, le *lloron*, le *bois de rose*, etc.; dans les **bois de construction** : le *cèdre mâle* (*Cedrela*), le *chirraca*, la *madera negra*, le *jaul*, espèce d'aune, le *nambar*. divers *chênes*, le *guachipelin*, deux *ira*, le *guaïtil*, le *laurel*, le *zapotillo*, le *guanacaste* (*Enterolo-bium*), le *nispero* (*Hymenea*), la *corteza amarilla* ou *corteza de venado*, bois incorruptible, le *quiebra-hacha*, aussi dur que le fer, le *roble*, etc., etc.

Parmi les plantes qui fournissent des matériaux pour la construction, la **cana blanca** s'emploie surtout dans les toitures des maisons couvertes de tuiles, et on en forme l'armature du *bajareque* dont nous avons parlé plus haut. Tous les **bambous** croissent avec force au Costa Rica ; il est très regrettable qu'on ne les exploite pas, certains étant sans rivaux pour les constructions légères.

Les **plantes textiles** qui viennent naturellement dans le pays sont nombreuses et produisent des fibres estimées. Les principales sont la *cabulla*, la *pita* et la *pinuela*.

La **cabulla** (*Agave sisalana*) est appelée au Yucatan *sosquil* ou *hennequen* ; en Europe *chanvre de Sisol* ou *grass-*

hemp. Au Yucatan, le commerce des fibres de cette plante textile atteint annuellement cinq millions de francs. Ce produit, depuis l'invention de la machine à décortiquer, si simple de M. Berthet, pourrait faire l'objet d'une industrie importante (1). On calcule que mille feuilles donnent environ 40 kilos de filasse sèche. A Costa Rica la *cabulla* ne sert qu'à fabriquer des cordes ou des tissus très grossiers. La **pita** (*Bromelia pita*) entre dans la confection des chapeaux ordinaires, la **pinuela** (*Bromelia pinuela*), très commune dans le pays, ne sert guère, jusqu'à présent, qu'à faire des haies.

Le **coïr** ou bourre de cocotier, objet d'une si grande demande pour les industries des cordages, brosses, nattes, etc., n'est pas exploité à Costa Rica, que malgré son abondance. Le **bombax,** dont les graines sont enveloppées de poils laineux, se rencontre assez fréquemment.

L'industrie indigène fait aussi usage d'une espèce de **jonc,** des fibres de peu de valeur qui se rencontrent dans les feuilles grasses d'un **Yucca,** et d'une quantité de lianes flexibles et d'écorces fibreuses. Le liber du **mastate** notamment se découpe en lanières capables de supporter de très lourdes charges.

Nous avons parlé plus haut des plantes textiles dont l'introduction est l'objet d'essais, ou serait désirable pour le pays. Ajoutons ici que la fibre du **bananier,** si abondante, pourrait être très avantageusement employée dans la fabrication des

(1) Voyez le *Rapport sur la machine à décortiquer les agaves de M. Berthet,* par E. Saladin. *Bulletin de la Société industrielle de Rouen,* t. IX, p. 332.

cordes et du papier, mais n'est point utilisée jusqu'à présent. Mentionnons encore le **lin de la Nouvelle-Zélande** (*Phormium tenax*) et le **jute** (Gen. *Corchorus*). Cette dernière plante est très propre à la fabrication des sacs, et son produit, par hectare, est cinq fois plus considérable que celui du lin en Europe (1). **L'hibiscus** est abondant à Costa Rica. Aux Indes, on en tire la fibre appelée en Europe *sunn* (2). Au Salvador, les indigènes emploient les feuilles du **cibotium**, fougère très commune dans toute l'Amérique centrale, et en font une espèce de laine végétale estimée.

Une industrie à créer dans le pays où les chapeaux dits de Panama sont encore la coiffure presque générale, c'est la fabrication même de ces chapeaux. La plante qui fournit la matière première est à l'Equateur le *Carludovica palmata*. On en fend la feuille en lames étroites qu'on sèche au soleil ; ces lames, sous l'action de la chaleur, se roulent sur les deux bords et forment un brin rond, il n'y a plus ensuite qu'à les blanchir et à les tresser.

Les **plantes tinctoriales**, comme nous l'avons déjà fait remarquer, perdent chaque jour de leur valeur à mesure que les couleurs minérales s'obtiennent à plus bas prix. Quelques-unes néanmoins mériteront d'être toujours cultivées et récompensent encore amplement celui qui leur voue ses soins.

On rencontre à Costa Rica : le **rocou** employé ici pour colorer tous les aliments, tandis qu'en Europe il sert à la co-

(1) Introduction à Londres en 1880 : 31 millions de kilogrammes.
(2) Importation à Londres : 13 millions de kilogrammes.

loration du beurre et des fromages, le **curcuma**, l'**indigo**, divers **Cæsalpinia** dont un fournit le célèbre **bois de Brésil**, le **dragonnier**, le **mora**, etc. L'indigo, qui provient de l'Amérique centrale, est d'une qualité très supérieure et fait prime sur tous les marchés. L'industrie indigène utilise les produits colorants d'un grand nombre d'autres plantes sans aucune valeur commerciale.

Les **plantes médicinales** abondent dans toutes les parties du pays. Parmi elles, il faut faire mention du **ricin**, du **croton**, de la **casse**, de la **salsepareille**, de l'**ipécacuana**, du **gingembre**, de la **rhubarbe**, du **tamarinier**, du **papayer**, de la **réglisse**, sans parler d'une foule d'autres qui mériteraient l'attention sérieuse des pharmaciens-chimistes. En effet, à les voir employer avec le plus grand succès par les costariciens on ne saurait douter de leurs vertus curatives. On trouve aussi dans le pays différents arbustes qu'on appelle **faux quinquinas**, et dont l'écorce renferme de la cinchonine. Les véritables **quinas** croîtraient très probablement dans le pays, mais les immenses plantations de l'Inde ont tellement surchargé les marchés que cette culture n'est plus rénmuératrice.

On retirerait des **essences** et des produits divers précieux pour la parfumerie d'un grand nombre de plantes très communes ici. Le **vetiver** y est abondant. On y rencontre encore le **jasmin**, le **schoenanthe**, le **storax**, le **santal**, la **fève de Tonka**, la **vanille sauvage**, sans compter les produits variés de la famille des **orangers** extrêmement bien représentée, depuis l'orange douce jusqu'au cédrat et à la bergamote.

6

Généralement les fleurs odorantes, telles que la **verveine,** l'**héliotrope**, la **tubéreuse**, etc., ont beaucoup plus de parfum dans le pays dont nous nous occupons qu'en Europe. Leur exploitation ne pourrait donc manquer d'y être avantageuse.

Le **caoutchouc**, recueilli dans les forêts du Costa Rica provient du *Castilloa elastica*. Quoique nous rangions cet arbre parmi les produits naturels, nous devons dire qu'on en a commencé, ces dernières années, des plantations sur divers points du pays, la côte de l'Atlantique et la région du San Carlos principalement. Le gouvernement a encouragé, par des primes assez élevées, la culture de ce produit important. Il faut l'en féliciter, car l'exploitation du caoutchouc, telle qu'elle est faite actuellement, a souvent pour résultat la destruction complète de l'arbre. Le chiffre de l'exportation pour l'année 1888 n'atteint pas 12,000 piastres.

On rencontre dans les forêts du pays un grand nombre d'arbres et de plantes produisant abondamment des **résines** en majeure partie inconnues. Plusieurs espèces de *quiebra-hacha* produisent une gomme analogue à la **gomme arabique**; la résine **copal** est abondante dans les plaines du nord, mais n'est pas exploitée.

Sur le littoral du Pacifique, on a découvert récemment en assez grande abondance les *Myroxylum* de variétés diverses qui fournissent des baumes bien connus sous les noms de **baume du Pérou** et de **Tolu**. Le premier de ces baumes surtout est très estimé et rappelle l'odeur de la vanille; jusqu'à présent on le tirait presque exclusivement du Salvador.

Beaucoup d'arbres ont des latex riches en **gutta-percha,** notamment plusieurs espéces d'*higueron* (ficus), le *mastate* et le *sapote*.

Cette courte revue des richesses naturelles de Costa Rica suffira à démontrer quel vaste champ est ouvert dans ce pays à l'initiative, à l'intelligence et aux capitaux étrangers.

CHAPITRE IV

INDUSTRIES

1. Industrie agricole. — Le **bétail** existant à Costa Rica ne suffit pas pour les besoins du pays. Du Nicaragua et de la Colombie arrivent encore des troupeaux de bœufs, destinés en général à la consommation. Il nous faut, en effet, plus de 25,000 têtes de bétail annuellement ; la province de San José consomme un bon tiers de ce total. La statistique du bétail pour l'année dernière a donné les résultats suivants : 262,596 bêtes à cornes, 50,738 chevaux et 2,125 moutons.

Les **bœufs** sont remarquables en général par leur beauté et leur grande taille. Destinés aux plus durs travaux, principalement au charroi du café et des marchandises du plateau à la côte ou vice-versa, ils semblent assez appropriés aux services qu'on attend d'eux. Ils n'appartiennent à aucune race bien définie, et offrent les pelages les plus divers. Très vigoureux, ils supportent parfaitement les intempéries et se contentent d'une nourriture peu substantielle, dont la canne à sucre coupée en morceaux forme la base. Une paire de bœufs ordinaire vaut de 120 à 140 piastres ; le prix de ces animaux a cependant augmenté ces dernières années, et une bonne paire de bœufs peut se vendre jusqu'à 170 piastres. Le prix ordinaire des animaux de 3 à 4 ans, que l'on importe du Nicaragua ou de la Colombie. varie entre 30 et 40 piastres. On les engraisse dans le pays avant de les envoyer à l'abattoir.

Les **vaches** indigènes sont fort dégénérées, surtout à cause du manque de soin. Nous ne saurions dire à quelle race il faut les rapporter, tous les types originaux s'étant mélangés dans les croisements les plus désordonnés. Elles passent toute l'année au pâturage et ne fournissent pas le quart du lait qu'on pourrait obtenir d'elles en leur donnant les soins et l'alimentation voulus. On ne sépare jamais les veaux de leurs mères et rarement on trait les vaches deux fois par jour, le plus souvent une seule fois seulement. De plus, taureaux et vaches se trouvent toute l'année réunis au pâturage. Il en résulte que de très jeunes génisses se chargent avant d'avoir les forces nécessaires pour la gestation normale, et que leurs produits sont naturellement débiles. Ajoutons que les prairies sont presque toujours composées de très peu d'espèces fourragères, surtout pauvres en légumineuses, et qu'aucune ration supplémentaire n'est donnée aux vaches, même pendant le temps de la traite. Les mauvais résultats obtenus jusqu'à aujourd'hui n'ont guère besoin d'autres explications.

Ajoutons, pour être juste, que ces erreurs et ces lacunes sont reconnues par la plupart des grands propriétaires, et qu'ils se préoccupent aujourd'hui sérieusement d'y porter remède. Le gouvernement a voulu encourager, pour sa part, les nombreuses tentatives d'amélioration de la race bovine qui datent de quelques années. Après avoir essayé d'introduire lui-même diverses races étrangères, il a protégé l'importation d'animaux de choix dont il paye le transport par mer ux

agriculteurs qui les avaient achetés aux Etats-Unis ou en
Europe. Grâce à ces mesures, on compte aujourd'hui à
Costa Rica un certain nombre de têtes de bétail étranger appartenant aux meilleures races. Bien soignés, ces animaux
pourront, sans doute, au moyen de croisements intelligents,
améliorer les races indigènes.

Pour ce qui concerne l'ignorance de l'élevage, l'Ecole d'agriculture, dont nous avons déjà fait mention, réussira probablement à la détruire en formant de bons élèves et en organisant
des conférences auxquelles seront conviés les agriculteurs.
Le paysan costaricien est moins ami de la routine que ses
congénères de beaucoup d'autres pays (1); il comprendra certainement bien vite qu'il n'a que des avantages à retirer en
changeant sa manière de faire actuelle. Il choisira d'autant
plus vite la bonne voie que le commerce et l'élevage du bétail
sont considérés, avec raison, dans le pays, comme rémunérateurs.

Le prix d'une vache ordinaire varie entre 30 et 80 piastres.
Les produits des races étrangères récemment introduites
ici atteignent des prix fort élevés : un taureau d'un an à 18
mois vaut de 3 à 400 piastres (2).

1. Un fait particulier servira de preuve à cette assertion. Dans les chau-
mières les plus misérables de la campagne, l'Européen est étonné de rencontrer comme meuble, d'un usage très répandu, une machine à coudre. Le
peuple qui a compris si vite l'utilité de cette machine saura, promptement sai-
sir les avantages de toutes celles qui pourront simplifier le travail de la
culture des terres et suppléer au manque de bras sur lequel nous ne saurions
assez insister.

2. Les principales races introduites jusqu'ici, pour l'amélioration de celle
du pays, sont les races de Durham, Jersey et la race hollandaise. Il existe

La **viande de boucherie** coûte assez cher. Sa qualité laisse à désirer, et son goût fade provient d'une alimentation très aqueuse et peu variée. Une livre de filet de bœuf revient à 1 fr. 20, la viande ordinaire à près d'un franc, et les gens du peuple — qui mangent de la viande tous les jours — doivent encore payer de 50 à 70 centimes pour un morceau qui n'est pas de choix. Il est presque impossible de se procurer d'autre viande que celle de bœuf ou de porc ; on ne tue en effet jamais de veaux, et c'est très rarement qu'on trouve à acheter du mouton.

Les **produits dérivés du lait** se ressentent à Costa Rica de l'insuffisance des instruments employés, et du manque de connaissances dans la fabrication. L'industrie laitière est encore dans l'enfance, et cependant elle enrichirait celui qui s'y vouerait en toute connaissance de cause. À San José il n'est pas toujours facile de se procurer du **lait** ; celui qui arrive des fermes de la campagne, renfermé dans des récipients en fer-blanc, laisse beaucoup à désirer sous tous les rapports. Sans revenir sur la question des fourrages que nous avons effleurée plus haut, disons que le mode de transport en usage est très défectueux. On suspend les récipients de chaque côté de la selle d'une mule ou d'un vieux cheval que monte un enfant et le lait n'est livré au consommateur qu'après avoir été secoué violemment quelquefois pendant des heures. Les fermes manquent aussi de

aussi un certain nombre de têtes de bétail suisse appartenant à la race de Schwytz. Ces animaux ne sont pas tous de provenance directe, beaucoup viennent des Etats-Unis.

caves, absolument nécessaires, à cause de la température générale, pour pouvoir conserver le lait au moins 24 heures.

On fabrique cependant du **beurre** excellent dans certaines provinces, notamment dans celle de Cartago, d'un climat plus frais que les autres parties du pays. Seulement ce beurre est d'un prix inabordable pour les petites bourses; il se vend à raison d'une piastre la livre. C'est pour cela que l'on consomme encore, à Costa-Rica, beaucoup de beurre étranger en boîtes, généralement très falsifié avec de la margarine. Malgré son goût salé et souvent désagréable, celui-ci peut faire, grâce à la différence de prix, une rude concurrence au beurre du pays (1).

Le seul **fromage** de Costa Rica est un fromage cru, caillé sans présure et d'un goût insipide. Divers essais récents ont cependant prouvé que la fabrication d'un bon fromage est non seulement possible, mais d'un grand rapport. Cela est surtout vrai pour les fermes éloignées des villes où le lait se perd souvent faute de pouvoir le vendre ou de savoir l'utiliser convenablement.

Les **cuirs** sont l'objet d'un commerce dont la valeur se chiffre par la somme d'environ 100.000 piastres. On ne retire pour le moment aucun profit des cornes et des sabots, non

---

1. Le haut prix du lait — 60 centimes le litre — est naturellement la principale cause de cette cherté du beurre. Nous croyons cependant pouvoir affirmer ici qu'un fermier européen, bien au courant de tout ce qui concerne l'industrie laitière et muni d'un petit capital pour les premiers frais d'établissement, ferait de brillantes affaires à Costa-Rica.

plus que des os qui, préparés convenablement, pourraient être utilisés comme engrais.

L'élevage des **chevaux** est en voie de progrès, mais encore très arriéré. Les chevaux du pays n'ont pas non plus de caractères de race bien précis, sauf peut-être certains petits animaux d'apparence chétive, mais, en réalité, très vigoureux et incomparables pour les chemins de montagnes. L'état boueux des routes pendant l'*invierno* ne permet guère d'employer les chevaux comme bêtes de trait ; on s'en sert donc presque exclusivement pour la selle ou comme bêtes de somme. Les **mules** leur font concurrence, mais le cheval du pays a le pied presque aussi sûr. Il présente, d'ailleurs, ce grand avantage qu'il a un pas précipité, très doux pour le cavalier, analogue à celui des chevaux appelés *bidets* en France, tandis que le trot du mulet est très fatiguant.

Le prix des chevaux varie excessivement suivant leur qualité. Un cheval ordinaire, mais bon, vaut de 40 à 70 piastres (1). Les mules coûtent davantage ; on en rencontre cependant d'assez bonnes pour le prix de 60 à 80 piastres.

L'amélioration des chevaux du pays entrera prochainement dans le domaine de la pratique. Déjà, à deux reprises, des compagnies se sont formées pour l'introduction de reproducteurs du Chili où la race est excellente.

Les **moutons** sont très peu répandus dans le pays, et d'un

---

1. On trouve des chevaux depuis 10 piastres ; il y en a aussi de 300 à 400. Les prix que nous avons donnés jusqu'ici, se rapportent toujours à des animaux pouvant fournir la somme de travail qu'on est en droit d'exiger de ceux qui sont occupés journellement aux travaux de la campagne.

rapport qui ne vaut guère la peine d'être mentionné. On en compte environ 2,000 têtes dans toute la république. Leur introduction en nombre plus considérable, ainsi que leur élevage bien entendu sont très désirables. Un mouton vaut une dizaine de piastres.

Les **porcs** sont de couleur noire et peu domestiqués. Ils sont nombreux, mais ne rapportent pas ce que l'on pourrait tirer d'eux en les engraissant d'une manière rationnelle. On a l'habitude de les laisser errer aux alentours des habitations et au bord des chemins, dans la campagne.

Un jeune porc vaut de 4 à 5 piastres, bien engraissé son prix varie entre 25 et 50 piastres. L'élève du porc est avantageuse, toute la cuisine costarienne se faisant au saindoux dont on importe de grandes quantités des Etats-Unis.

Un élevage rémunérateur est sans contredit celui des **volailles**. Les **poules** valent deux francs la pièce et le moindre poulet plus de la moitié de ce prix. Elles sont pondeuses fort médiocres. On a bien introduit un certain nombre de reproducteurs de bonne race, néanmoins tout reste, pour ainsi dire, à faire dans cette voie. Les **œufs** se payent plus ou moins cher suivant les saisons ; leur prix moyen est de 1 fr. 80 la douzaine. L'exploitation de ce produit donne des résultats très satisfaisants. (1)

Les **canards**, les **oies**, les **dindons** et tous les autres oi-

---

1. On élève à Costa Rica quelques espèces de coqs de combats, mais il est probable qu'avec le temps ces jeux disparaîtront ; ils n'intéressent déjà plus qu'une faible partie de la population, et le dernier congrès vient d'en décréter l'abolition définitive.

seaux de basse-cour sont rares ici. Les quelques amateurs qui en élèvent y trouvent cependant un profit assuré, et le développement de cet élevage est à prévoir pour l'avenir.

2. Usines à café. — Les usines à café comprennent généralement une série de bâtiments destinés aux diverses manipulations par lesquelles doit passer le grain, pour devenir marchand. La préparation du café, telle qu'elle se pratique à Costa Rica, comporte les opérations suivantes :

a. Le **broyage** et la **fermentation**. — Les baies récoltées sont broyées légèrement et lavées à grande eau dans les bassins cimentés où elles subissent un commencement de fermentation. Cette première opération a pour but de débarrasser la baie d'une partie de son péricarpe charnu, et de dissoudre la partie gommeuse de ce même péricarpe qui, sans cela, adhérerait fortement à la fève et rendrait difficile sa prompte dessication. La pulpe est recueillie soigneusement et, après fermentation, utilisée comme engrais. Le broyage ne se fait pas toujours ; le séjour dans les bassins de fermentation est absolument nécessaire au moins pour produire ce qu'on appelle le café lavé. A Costa Rica, le procédé dit à sec n'est guère employé. Il donne des produits plus aromatiques, mais de moins bonne apparence.

b. Le **séchage**. — Retiré des bassins et débarrassé de sa pulpe, le café est étendu au soleil dans de grandes cours, quelquefois en terre battue, mais le plus souvent cimentées.

On le laisse exposé au soleil jusqu'à ce qu'il soit complètement
sec, c'est-à-dire jusqu'à ce que la graine intérieure soit assez
dure pour ne pas se laisser rayer avec l'ongle. Cette opération
du séchage est la plus importante de toutes. Certaines années,
la récolte se perd en partie à cause du mauvais temps ; aussi
un *verano* pluvieux est-il une des pires calamités pour le pays.
On a bien introduit récemment, des étuves destinées à suppléer au soleil dans les années défavorables, mais les frais
de séchage, dans ce cas, seraient si élevés que l'on n'en
fera probablement jamais grand usage. On ne trouve encore
nulle part la turbine centrifuge employée actuellement avec
tant de succès ailleurs pour abréger la période du séchage.
Le turbinage du café lui enlève les 2/3 de son humidité sura-
bondante.

c. Le **brisage**. — Lorsqu'il revient des cours, le café a ses
graines cachées sous son péricarpe sec, s'il n'a pas été broyé
dès le principe, ou, s'il l'a été, ces mêmes graines sont encore
recouvertes d'une matière cornée qui n'est autre chose que
l'endocarpe. Il faut briser ces enveloppes, au moyen de
grandes roues cheminant dans une espèce d'ornière circu-
laire à moitié remplie de café sec ou *cascarilla*, comme on
l'appelle dans le pays. Cette machine était autrefois mise en
mouvement par des bœufs. Aujourd'hui c'est une force
hydraulique qui les remplace presque partout.

d. Le **polissage**. — Avant de pouvoir être livré à la consommation, le grain a encore à passer par une dernière
opération. Il faut le débarrasser de la fine pellicule (épis-
perme) qui recouvre chaque graine, au moyen d'une ma-

chine très simple composée de deux cylindres à surface ru-
gueuse marchant en sens inverse. De là sort .le café marchand.

e. Le **triage**. — Avant de le mettre en sac, on le trie pour
enlever les fèves brisées ou avariées et le classer par gran-
deur. Il y a en effet une différence notable de fève entre les
diverses qualités. Celles-ci sont appréciées surtout suivant la
grosseur et la régularité des grains. Le café dont la baie n'a
produit qu'une seule graine — ronde et ressemblant à un
gros pois avec un sillon longitudinal — est celui qu'on apprécie le plus, non qu'il soit meilleur, mais parce qu'il ressemble
au grain de café moka et obtient ainsi la préférence des consommateurs. Il se vend sous le nom de *caracolillo*. Viennent
ensuite les cafés de première, de deuxième et de troisième
classe. Le triage des grains se fait soit à la machine, soit à la
main ; dans ce dernier cas, on emploie des enfants et des
femmes à ce travail.

Les usines à café son aujourd'hui au nombre de 256 dans
tous le pays. Cette industrie est naturellement concentrée
sur le plateau central, dans les provinces de San José et de
Cartago, Alajuela et Hérédia. Depuis plusieurs années, les
machines remplacent presque partout le travail des ouvriers
ou des bœufs. Les petits propriétaires envoient leur café en
baie aux grands usiniers qui, moyennant rétribution, le leur
rendent mis en sac. Ces machines à roues à palettes et ces
turbines sont mues par l'eau. Chaque année on perfectionne
l'outillage et on cherche partout à remplacer le travailleur
par la machine, celui-là se faisant toujours plus rare à

mesure que le pays se développe et offre un champ plus vaste aux diverses carrières. C'est surtout au moment de la récolte et de la préparation du café que, comme nous l'avons déjà dit, la main d'œuvre fait défaut et qu'on sent partout dans le pays la nécessité d'une émigration nombreuse de bras robustes et travailleurs. Actuellement il faut presque redouter la trop grande abondance de biens, parce qu'on ne sait souvent comment cueillir les récoltes un peu grandes.

Les **moulins à sucre** sont de construction très simple et leur produit, le **dulce**, quoique apprécié du peuple, est fort primitif. Ces moulins consistent généralement en un système de rouleaux entre lesquels la canne à sucre est écrasée d'une façon plus ou moins complète. La cuisson et la défécation du sirop se font ensuite dans des cuves d'où le liquide bouillant coule dans des moules en bois et se solidifie, en se refroidissant, sous la forme de cônes tronqués. C'est le *dulce* ou jus épaissi de la canne. Quelques moulins sont mus par l'eau, mais le plus souvent ce sont des bœufs ou même des ouvriers qui produisent la force motrice nécessaire. Celui qui voyage la nuit dans la campagne entend souvent près des habitations un bruit lugubre, pareil à un long gémissement poussée à intervalle régulier. Il se trouve non loin d'un moulin à sucre ; qu'il s'approche, il verra à la lueur rouge des fourneaux, qui les fait resembler à des êtres fantastiques, des hommes haletant tandis qu'ils mettent en mouvement, avec effort les grosses poutres du moulin.

On compte à Costa Rica plus de mille moulins à *dulce*. Sur cette quantité, 619 sont des moulins de bois et 449 sont construits en fer. Plus haut, nous avons mentionné les deux fabriques de sucre turbiné très bien outillées qui existent dans le pays.

Les **scieries** de bois, au nombre de 74, sont assez bien montées sous le rapport de l'outillage. Cette industrie est naturellement reléguée en grande partie assez loin du plateau, puisque celui-ci est entièrement couvert de cultures. Elle est néanmoins d'un très bon rapport, car les prix des madriers, des planches débitées ou des lattes augmente chaque année, à mesure qu'on construit davantage dans les villes et qu'on construit mieux (1).

3. Industries diverses. La grande industrie n'existe pas encore à Costa Rica. Les quelques fabriques qu'on y rencontre n'occupent qu'un nombre très restreint d'ouvriers et les produits qui en sortent ne suffisent pas à la consommation du pays. L'agriculture occupe en effet tous les bras et offre des profits trop assurés et trop considérables pour que de forts capitaux s'emploient à autre chose qu'à la culture des terres. Il existe cependant, sur une petite échelle, un certain nombre d'industries qui se développeront, sans doute, quand la population sera plus nombreuse ; nous allons les passer brièvement en revue.

---

1. Le prix des planches dépend naturellement beaucoup de celui des charrois, toujours très élevé. La valeur intrinsèque de certains bois qui deviennent rares n'est cependant pas à dédaigner. Le bois de chauffage vaut en moyenne 4 piastres le stère dans les villes du plateau.

La **minoterie** est représentée par un seul moulin à vapeur situé à San José, et appartenant à une société anonyme étrangère. Avec l'extension de la culture du blé, cette industrie ne peut manquer d'atteindre un plus grand développement. On rencontre aussi dans le pays deux ou trois **fabriques d'amidon** pour l'extraction du manioc doux.

La **briquetterie**, est bien représentée. On compte, en effet ,plus de cent fours à briques dans le pays. La terre argileuse abonde partout, tandis que la pierre est rare sur le plateau central. La construction des fours laisse fort à désirer. On ne connaît à Costa Rica que ceux qu'on désigne d'habitude sous le nom de *fours de campagne* dont le chauffage est excessivement coûteux. Cette industrie donne des profits considérables. Presque toutes les constructions des villes sont en briques,quoique ce mode de bâtir ne paraisse pas très convenable dans un pays sujet au mouvement du sol ; il devrait être remplacé par le fer et le bois.

La **tannerie** compte un certain nombre d'établissements d'où sort un cuir communs, employé dans le pays à la fabrication des selles, quelquefois assez artistement travaillées ; des *alforjas* ou bourses de cuirs doubles qu'on place sur la croupe des chevaux ; des courroies, des croupières et de tout ce qui entre en général dans le harnachement.

Plusieurs **savonneries** livrent au commerce un savon résineux, bon seulement pour le blanchissage du linge. Les **fabriques de bougies** qui existent dans le pays fournissent de même des produits de qualité très inférieure.

San José a deux **fonderies** dont une nationale. Elles rendent certainement de grands services, mais pour les répara-
tions seulement. En effet, le métal et le charbon de terre
qu'elles emploient étant jusqu'à présent de provenance étrangère, les produits déjà manufacturés reviennent à Costa Rica
beaucoup meilleur marché que ceux qu'on fabrique sur place.

Une **filature**, établie à Hérédia depuis quelques années,
est en bonne voie de prospérité. La matière première des
tissus qu'on y fabrique vient encore du dehors ; malgré tout,
la toile de coton indigène peut faire concurrence à celle de
l'étranger. La filature de Hérédia s'occupe spécialement du
tissage des *rebozos*, longues pièces de soie dont les femmes
du peuple s'enveloppent le buste quand elles sortent, ou se
couvrent la tête à l'église. Ces espèces de châles sont toujours
de couleur éclatante, et atteignent d'assez hauts prix. Il n'est
pas rare de rencontrer des paysannes nu-pieds dont les épau-
les sont protégées par un rebozo valant de 15 à 20 piastres.

Quelques **autres industries** ont pris pied dans le pays.
On a commencé à y fabriquer de l'huile de ricin et d'autres
huiles, du chocolat, de la parfumerie, de la glace, de l'eau ga-
zeuse et de la bière, avec des machines de provenance européenne ou américaine. Pour protéger ces industries naissantes,le gouvernement exempte,d'ordinaire, des droits de douane les machines importées. Il est probable qu'une fois le chemin de fer de l'Atlantique terminé et le transport de lourdes
pièces de métal rendu plus facile, on en introduira beaucoup
d'autres.

Outre la fonderie dont nous avons fait mention plus haut,et

7

une fabrique de liqueurs dont nous dirons quelques mots à propos des monopoles, le gouvernement possède encore une **fabrique de cartouches** de Rémington, destinée à fournir des munitions à l'armée. Les cartouches importées se détériorent en effet, en peu de temps, à cause de l'humidité.

La compagnie du chemin de fer a divers **ateliers de construction et de réparation** pour ses machines. Il en est déjà sorti de beaux travaux qu'on a pu admirer à l'exposition de 1886.

Ainsi qu'on l'a vu plus haut, **l'industrie minière**, jusqu'ici peu avancée, est en bonne voie de perfectionnement L'outillage, introduit ces derniers temps, permettra promptement l'exploitation sérieuse des minerais, si riches et si abondants en certaines parties du pays.

La **pêche des perles** est assez productive sur la côte du Pacifique. La compagnie qui en a maintenant le monopole exploite surtout la nacre, et entretient à son service toute une équipe de plongeurs.

Une concession a été accordée dernièrement par le Congrès à un Costaricien pour l'établissement de **salines**, où l'on obtiendra le sel par les procédés généralement employés en Europe (Marais salants à écluses).

Toutes les industries dont nous venons de parler, quoique, en général, installées petitement et assez rudimentairement, donnent de bons bénéfices. Les industriels étrangers trouveraient, sans aucun doute, à Costa Rica un terrain très propice pour l'introduction d'industries nouvelles ou l'amélioration de celles qui existent déjà. Les cours d'eau fournissent partout la force motrice nécessaire ; l'augmentation rapide de la population rend tous les jours la consommation des produits plus abondante ; les états voisins enfin, la plupart sans industrie, offrent un champ assez vaste pour l'exportation.

Les **artisans** et les **gens de métier** sont assurés d'utiliser avantageusement leurs forces et leur savoir dans le pays. Un bon charpentier gagne facilement 3 piastres par jour, un ébéniste ou un tapissier recevront près du double ; car, malgré l'introduction de beaucoup de meubles étrangers, ceux de Costa Rica faits avec des bois inattaquables, ont toujours la préférence. Les pâtissiers, les charcutiers, les tailleurs, les cordonniers et les boulangers du dehors, arrivés sans capital, il y a une dizaine d'années dans le pays, jouissent presque tous aujourd'hui d'une belle aisance. On peut assurer aussi un salaire élevé et une occupation constante à de bons ouvriers horlogers, relieurs et typographes, aux tailleurs de pierre, aux maçons et aux peintres, aux chaudronniers, aux selliers, aux fabricants de parapluies ; à tous ceux, enfin, qui possèdent de bonnes connaissances pratiques, et sont décidés à exercer avec persévérance une industrie grande ou petite, ou un métier quelconque.

4. Monopoles. — Il y a lieu de distinguer ici entre les monopoles accordés aux particuliers et ceux dont le gouvernement s'est réservé l'exploitation.

La propriété littéraire et artistique, de même que le droit

d'invention, sont garantis, pour un temps limité, par l'art. 73, paragraphe 20, de la constitution actuellement en vigueur. Les monopoles dont ont joui, ou jouissent encore, certaines compagnies ou certains particuliers leur ont été concédés par le Congrès, pour un temps limité aussi. Ils étaient nécessaires et justes à l'époque des premières grandes entreprises, ou des débuts de l'industrie ; ils seraient aujourd'hui inutiles et désavantageux pour le pays. En effet, comme nous venons de le voir, l'industrie n'est plus à créer; elle n'a besoin que de se développer ; et ce développement sera certes meilleur et plus rapide avec la libre concurrence. Aussi est-il assez difficile maintenant à un particulier d'obtenir le privilège exclusif d'une exploitation quelconque. De même les contrats faits récemment par le gouvernement avec diverses compagnies limitent les privilèges exclusifs à un petit nombre d'années, et stipulent que, ce temps écoulé, ils pourront être accordés à tous ceux qui, à conditions égales, en feraient la demande.

Le gouvernement s'est réservé deux monopoles : la **vente du tabac** et la **fabrication des liqueurs**. Nous avons déjà dit quelques mots du premier, en parlant des cultures. Nous ajouterons ici que l'industrie cigarière, réduite maintenant à la fabrication de cigarettes grossières et de petits cigares difformes, prendraient certainement un grand essor avec la cessation du monopole. Le tabac *chilcagre*, récolté autrefois entre San José et Cartago, est d'une qualité tout à fait supérieure ; il était très apprécié des connaisseurs à l'étranger. Si sa culture redevient libre un jour, il sera, sans aucun doute, .l'objet d'une exportation considérable, non seulement en feuil-

les, mais aussi en produits manufacturés dans le pays même.
Nous aurons à reparler plus loin sur la question de chiffres ;
disons cependant ici que ce monopole donne à l'état, chaque
année, une rente d'un demi-million de piastres.

La fabrication des **liqueurs** est concentrée à San José, dans
un vaste édifice. Les appareils de distillation sont excellents
et les produits de la fabrique nationale sont en général d'assez
bonne qualité ; l'eau de vie de contrebande a une réputation
de supériorité qu'elle doit peut-être à l'attrait du fruit défen-
du. Elle est cependant dangereuse pour la santé, parce qu'elle
n'est pas rectifiée. Malgré la surveillance la plus active et les
fortes amendes qui frappent les fraudeurs surpris en flagrant
délit, on n'a pu empêcher complétement la distillation clan-
destine. Les principales liqueurs fabriquées sont une eau-de-
vie anisée, un rhum blanc, et l'eau-de-vie de canne pure qu'on
appelle *guaro*. La fabrique nationale produit quelques autres
liqueurs d'une consommation peu considérable. Il est permis
d'introduire les eaux-de-vie et liqueurs étrangères ; en
fait, il s'en importe chaque année une très grande quantité ;
mais ces produits payent des droits si élevés qu'ils reviennent aux consommateurs à un prix excessif.

Le monopole de la fabrication des liqueurs produit annuellement près d'un milion de piastres.

CHAPITRE V

COMMERCE ET FINANCES

1. Exportation et importation. — La **marche du commerce** à Costa Rica est naturellement en harmonie avec le développement de l'agriculture. A une année de bonne récolte ou de haut prix du café, correspond une année de forte importation. C'est ce qui explique les fluctuations du tableau suivant :

ANNÉE.	EXPORTATION.	IMPORTATION.
	Piastres	Piastres
1883	2.431.635	2.166.074
1884	4.219.617	3.521.921
1885	3.296.508	3.660.931
1886	3.225.807	3.538.435
1887	6.236.563	5.601.225
1888	5.713.792	5.201.922 (1)

En 1850, l'exportation et l'importation, qui s'équilibraient plus ou moins, se chiffraient chacune par un million de piastres. L'année 1888 donnant un mouvement général de plus de dix millions de piastres, le commerce a donc quintu-

(1) Tous les chiffres cités dans ce chapitre proviennent de « *Costa Rica en 1886* », par J.-B. Calvo, de l'*Annuaire statistique*, années 1886, 1887 et 1888 rédigé par Don Enrique Vilavicencio et du *Rapport du Ministère des Finances*, année 1888. Les chiffres donnés pour le commerce sont en piastre forte équivalant à 5 francs de monnaie française.

plé en une période d'environ quarante années, tandis que la
population doublait seulement dans le même laps de temps.
Il a de même doublé en cinq ans, tandis que la population
n'augmentait guère que d'un dixième. Nous avons indiqué
plus haut déjà la raison principale de cet accroissement du
mouvement d'importation et d'exportation. En 1888, le café
entre pour près des 5/6 dans le total général de l'exportation,
et la même proportion s'observe pour les années précédentes.
C'est avec le café que Costa Rica doit payer tous ses achats à
l'étranger. C'est donc presque exclusivement l'augmentation
de sa production et ses hauts prix actuels qui ont permis le
développement extraordinaire du commerce d'importation
ces derniers temps. Quelques autres faits de moindre importance expliquent la forte introduction de marchandises étrangères dans les trois dernières années écoulées. C'est dans ces
années qu'on a surtout commencé à introduire ici une
grande quantité de machines pour les usines à café, et pour
les diverses industries naissantes. Avec l'abondance des
ressources, est venue aussi l'augmentation des besoins.
Depuis quelque temps, le Costaricien voyage volontiers. Il
revient d'Europe ou des Etats-Unis avec des goûts qu'il n'a-
vait pas auparavant. L'amour du confortable, le luxe même,
se sont introduits peu à peu dans les mœurs. et, chacun riva-
lisant de zèle dans cette voie, les principales maisons de commerce se sont efforcées de satisfaire ces nouveaux besoins.
Toute une série d'articles, d'une consommation presque nulle
il y a quelques années, sont devenus ainsi d'un débit courant.
La situation ne laisserait pas que d'être pénible, si la baisse
du café ou de mauvaises récoltes venaient à diminuer les
seules ressources qui paient actuellement ce développe-

ment du bien-être, ces goûts de plus en plus raffinés de la vie civilisée.

Il est inutile de détailler ici les **articles d'exportation** puisque le café en fait à peu près tous les frais. Disons seulement qu'après lui, les bananes et les cuirs ont seuls quelque importance. Près de la moitié du café exporté est embarquée pour l'Angleterre. Viennent ensuite, par ordre d'importance, les Etats-Unis et, à peu près sur le même rang, quoique à une assez grande distance des pays déjà cités, la France et l'Allemagne, comme l'indique le tableau suivant :

CAFÉ EXPORTÉ EN 1888.

Pays.	Quintaux.	Valeur en piastres.
Angleterre	122.492	2.859.896
Etats-Unis	62.229	1.395.920
Allemagne	11.832	279.763
France	7.803	165.002
Autres pays	1.903	41.672
Total	206.259	4.742.253

Les principaux articles d'importation sont les tissus de tout genre : toiles, draps, étoffes, soieries dont la valeur est de plus de 1.200.000 piastres ; le linge, les vêtements, les chapeaux dits de *pita* et les sacs pour le café qui représentent réunis une somme d'environ 350.000 piastres ; les aliments de première nécessité (riz, farine, sucre, haricots), calculés à 250.000 piastres ; les conserves (120.000 piastres) ; les huiles, graisses et saindoux (140.000 piastres) ; l'alcool et les liqueurs étrangères (213.136 piastres), la bière et les vins (240.527

piastres); les drogues et produits médicinaux (116.391 piastres); le tabac (84.282 piastres), la parfumerie (40.000 piastres);
les articles de luxe (38.600 piastres); le fil de fer pour clôtures
(91.270 piastres) (1). Dans l'importation pour l'année 1888
figurent encore 365.282 piastres de matériel pour le chemin
de fer en construction, et un peu plus de 40.000 piastres de
charbon de terre.

Les principales **lignes de bateaux à vapeur** qui desservent les ports de Costa Rica sont, pour l'Atlantique : la
Royal Mail Steam Packet C°, dont les vapeurs partent de
Southampton et touchent à leur retour au port de Cherbourg;
la ligne « *Atlas* » qui part de New-York et dont les petits vapeurs touchent à Limon chaque semaine après avoir passé
par Cuba, le Vénézuéla et la Colombie ; une ligne directe entre Limon et la Nouvelle-Orléans qui s'occupe surtout du
transport des bananes, et une ligne hambourgeoise qui envoie, chaque mois, un navire à Costa Rica. Le port de Puntarenas est desservi par la ligne du Pacifique qui fait le cabo-
tage entre San Francisco et Panama et *vice versa*. Quelques
vapeurs de compagnies allemandes et de rares navires à
voiles, qui doublent encore le cap Horn, s'arrêtent quelquefois
dans son port, surtout au moment de la récolte du café.

En 1888, on a compté 140 arrivées de navires à Port Limon
et 162 à Puntarenas. Les vapeurs étrangers ne paient pas de
droit de tonnage et ne sont soumis qu'à un *droit de phare*
de 25 piastres à l'entrée et à la sortie du port. Les navires à
voiles paient un quart de piastre par tonne de registre, et 10

---

(1) Dans ce chiffre, les machines à coudre entrent pour une somme de
42.272 piastres, soit pour plus de la moitié.

piastres de droit de phare, à leur arrivée et à leur départ. Les mêmes navires, chargés de lest ou de charbon de terre, sont exemptés du droit de tonnage. Ne paient aucun droit les bâtiments de guerre, les navires marchands obligés de toucher périodiquement à l'un des ports costariciens et les bateaux que des circonstances exceptionnelles obligent à ancrer dans les eaux de la République.

2. Situation financière du budget. — Le **budget** de la République a suivi la progression ascendante du commerce, comme l'indique le tableau suivant :

Années	Dépenses	Recettes
	Piastres	Piastres
1824	14.213	14.751
1840	67.992	117.164
1879-80	3.158.823,72	2.525,726,12
1886-87	2.772.315,07	2.883.752,03
1887-88	3.305.547,57	3.582.815,87
1888-89	3.939,997,75	4.151.584,64

Le budget voté pour l'année économique 1889-1890 monte, pour les dépenses, à 4.183.798,23 piastres, balancées par une somme de recettes probables de 4.287.686,89 piastres, qui laissent donc un *boni* de plus de 100.000 piastres.

Dans les dépenses entrent, pour une moitié, les sommes allouées aux différents ministères ; un quart est employé au paiement des intérêts et à l'amortissement de la dette, le dernier quart est porté au budget sous les rubriques : Dépenses diverses et exploitation des monopoles.

Le compte des recettes est établi au moyen des produits des douanes, de l'exploitation des monopoles et des rentes ordinaires de moindre importance.

L'examen des chiffres que nous venons de donner ne laisse aucun doute sur la situation prospère du pays,et sur l'équilibre du budget pendant les dernières années. Les deux dernières administrations, celle de Don Próspero Fernández et surtout celle du général Don Bernardo Soto, ont pris à cœur le relèvement des finances et du crédit du pays, qui se trouvaient, il y a une dizaine d'années, dans une situation assez fâcheuse. L'exposé des faits, que nous avons encore à consigner dans ce chapitre,prouvera,jusqu'à l'évidence,que le but a été complètement atteint,et que Costa Rica peut se glorifier aujourd'hui à juste titre de sa situation financière.

La principale **source de revenus** de l'État est aujourd'hui la **douane.** Toutes les marchandises destinées à Costa Rica doivent être accompagnées de leur facture consulaire. Elles commencent par payer un *droit de quai* (1) au moment du déchargement, puis sont dirigées sur la douane centrale qui se trouve à San José. A Puntarenas et à Limon existent des douanes secondaires d'où l'on peut retirer les marchandises en remplissant quelques formalités ; à Carillo se trouve un grand entrepôt. Une **Compagnie d'agences,** à laquelle sont consignés la plupart des navires qui arrivent à Costa Rica, se charge généralement du transport des marchandises jusqu'à la douane centrale.

Les **droits d'entrée** sont très élevés pour certains articles, ainsi que pour les eaux-de-vie, les tabacs, les objets de luxe, les soieries, les meubles, la parfumerie et les armes. Le

(1) Le *droit de quai* s'applique aussi aux marchandises exportées.

gouvernement a eu la sagesse de diminer ces droits dernièrement pour quelques articles de première nécessité, les vins
notamment. Il est probable aussi que, dans la prochaine révi-
sion des tarifs, on supprimera ou diminuera considérablement
les droits sur les matières premières, afin de favoriser les industries naissantes. Néanmoins, comme les droits sont calculés
sur le poids brut des marchandises, ils augmentent dans une
proportion considérable le prix de ces dernières. Joints aux
frais de transport depuis les ports jusqu'à San José, on peut
calculer en moyenne qu'ils doublent le coût des produits importés. Aussi n'y a-t-il rien d'étonnant, si l'on s'en réfère au
chiffre des importations que nous avons donné plus haut, à
ce que la douane rapporte annuellement à l'État plus des deux
cinquièmes de ses rentes effectives. Le produit des douanes
doit être appliqué avant tout au paiement des intérêts et à
l'amortissement de la dette extérieure de la République ; le
surplus entre dans les caisses nationales.

Les douanes ont produit en 1888 la somme de 1,707,584.92
piastres ; en 1887, 1,302,741.24 piastres et, en 1886, 807,801.44
piastres. Cette rente a donc doublé en trois ans. Nous avons
donné quelques-unes des raisons qui peuvent expliquer cette
augmentation considérable, en parlant du commerce. L'importation sera-t-elle toujours aussi grande ? Peut-on compter
sur un produit des douanes au moins égal pour les années à
venir ? Ces questions sont difficiles à résoudre. Nous n'accep-
tons cependant pas l'opinion des pessimistes qui, prévoyant
tôt ou tard une baisse assez forte du café, en déduisent que
l'importation diminuera en conséquence. Promptement, nous
en avons la conviction, de nouvelles cultures auront augmenté
dans une forte proportion la fortune du pays ; promptement

aussi l'émigration se dirigera nombreuse vers une région où les richesses naturelles de toutes espèces n'attendent que des bras pour les exploiter. Les nouveaux produits et les nouveaux consommateurs compenseront, sans aucun doute, la baisse, si baisse il y a. Quoi qu'il en soit, en peuple sage, les Costariciens ne s'endorment pas sur leur prospérité actuelle. Gouvernement et particuliers travaillent à l'accroître encore, et tant que la politique inaugurée par les deux dernières administrations que nous avons citées précédemment, celle du président Soto en particulier, suivra son cours, Costa Rica méritera son nom, c'est-à-dire sera un pays riche et prospère.

Les **monopoles du tabac** et des **liqueurs** constituent ensemble une rente équivalant presque à celle des douanes. Cette rente a augmenté notablement aussi ces dernières années, quoique dans une proportion moindre que la précédente. En 1886, elle a produit 1,310,887.37 ; en 1887, 1,559.071.22 et en 1888, 1,696,356.27 piastres. Le gain net, pour l'année dernière, est de 1,334.661.41 piastres pour les deux monopoles du tabac et des liqueurs réunis.

Parmi les **rentes de moindre importance**, nous citerons : le papier timbré, un impôt sur l'abattage des animaux de boucherie (1), les patentes pour la vente des liqueurs, de la bière et des vins étrangers, l'inscription au registre de la propriété et des hypothèques et les produits des postes et té-

---

(1) Cet impôt est appelé « *subvention de guerre* » parce qu'il fut établi pour amortir la dette contractée à l'occasion de la guerre de 1856 contre le flibustier Walker. Quoique la dette soit éteinte aujourd'hui, l'impôt a été maintenu ; il produit environ 80,000 piastres chaque année.

légraphes. Toutes ces rentes réunies donnent un total d'environ 300,000 piastres pour l'année 1888.

Les **impôts municipaux** sont peu élevés. Les propriétaires d'immeubles sont seuls obligés à payer les impôts destinés à l'entretien de la police municipale, à l'éclairage des rues et à la distribution de l'eau dans les maisons. Les commerçants et les banquiers sont soumis au payement de diverses patentes en rapport avec leur genre d'affaire, et un petit nombre d'industries paient également une patente municipale. Tous les habitants de la république, âgés de plus de 20 ans, doivent payer annuellement à leur municipalité respective une piastre pour l'amélioration et la conservation des routes.

3. Dettes intérieure et extérieure. — La dette publique se divise en intérieure, c'est-à-dire contractée dans le pays, et extérieure contractée à l'étranger.

La **dette intérieure** est en partie consolidée et en partie flottante. La dette consolidée est représentée par les capitaux de divers établissements d'instruction, de charité et de bienfaisance. Le gouvernement paie les intérêts de ces capitaux aux institutions mentionnées, mais a cru nécessaire, pour diverses raisons, de protéger leur avoir en le couvrant de la responsabilité nationale. Cette dette consolidée représente actuellement un total de 433.488,27 piastres. La dette flottante monte à la somme de 1.521.875,76 piastres. Elle comprend notamment 870.244,75 piastres de papier monnaie, de deux émissions différentes, dont le gouvernement annule chaque année une certaine quantité. Le total de la dette intérieure est de 1.955.364,03 piastres que le trésor public est à même de rembourser du jour au lendemain, quand les intérêts du pays l'exigeront. en disposant de la part d'actions qui lui revient dans le capital payé de la Compagnie du chemin de fer de Costa Rica. (1)

La **dette extérieure** a son origine dans les emprunt faits en 1871 et 1872 pour la construction du chemin de fer projeté entre Limon et Puntarenas en passant par le plateau central.

Cette dette, très élevée à l'origine, a été consolidée en 1885 et réduite à une somme de 2,000.000 L. st. avec un taux d'intérêts de 5 0/0, grâce à un arrangement conclu entre le Gouvernement et les porteurs de bons par l'intermédiaire de M. Minor C. Keith dont nous avons déjà eu à louer l'énergie et la persévérance. Le gouvernement d'un côté reconnaissait définitivement une dette qui n'avait pas obtenu jusque là toutes les sanctions légales habituelles, hypothéquant le revenu de ses douanes pour en assurer le service, et de l'autre obtenait l'achèvement complet du chemin de fer Limon-Cartago, d'une importance capitale pour le pays. Une compagnie fut fondée pour assurer la conclusion de ce grand travail. Elle reçut entre autres privilèges celui du monopole de l'exploitation de la ligne entière, y compris les tronçons du plateau central, et 800,000 acres de terres gouvernementales. (2) L'état

(1) Pour de plus amples renseignements sur ce point et sur les titres 2 et 3 en général, voir le « *Rapport du Département des Finances et [du Commerce* », année 1889.

(2) La compagnie du chemin de fer a cédé dernièrement la part de terres qui lui revenait, d'après le contrat, à une nouvelle compagnie : River Plate Trust and Loan Agency Cy. qui en entreprendra l'exploitation à plus bref délai qu'elle ne l'aurait pu faire elle-même.

reçut un tiers du capital jugé nécessaire pour la construction
de la ligne du Reventazon en actions libérées, et se réserva
la moitié du produit de l'exploitation ou de la vente des
terres concédées.

Le **paiement des intérêts** dè la dette extérieure ainsi
reconnue a commencé, en vertu des arrangements conclus, à
s'effectuer par l'état de Costa Rica le 1er juillet de l'année dernière et s'est continué depuis lors avec la plus scrupuleuse
exactitude. *Cinquante mille livres sterling ont été payées
ainsi le 1er juillet 1888, autant le 1er janvier, et la même
somme le 1er juillet 1889.* Le Gouvernement a prouvé par là
non seulement l'excellente situation de ses finances, mais
encore qu'il était fermement décidé à remplir et à respecter les
obligations qu'il avait contractées. Aussi le crédit du pays, très
ébranlé jadis, a-t-il été entièrement reconquis au dehors ;
les bons de Costa Rica étaient cotés à Londres en mai 1889 à
94 et 95 pour la série A et à 92 1/2 et 93 pour la série B. Aucun
état américain, les États-Unis et le Chili exceptés, n'a sur les
marchés européens des cours plus favorables pour les fonds
publics. L'état du trésor costaricien, la prospérité croissante
du pays et la sagesse de ses gouvernants justifient d'ailleurs
pleinement cette confiance.

L'**amortissement** de la dette extérieure doit commencer
à partir de l'année 1897. Nous rappelons ici que cet amortissement, de même que le paiement des intérêts, sont garantis
par le produit des douanes qui doit y être affecté avant tout.
En s'en rapportant aux chiffres donnés plus haut pour ce
produit, quand nous avons parlé du commerce, on verra que
l'extinction de la dette est parfaitement assurée.

La **diminution** de la dette publique pour les quatre dernières années est établi par le tableau suivant :

			Piastres	
1885.	Dette publique (int. et exter.).		18,523,380	66
1889.	id.	id.	12,917.036	53
	En moins :		5,606,344	13

Cette différence est à la louange de l'administration du général Don Bernardo Soto qui a su s'entourer, dans son œuvre
de gouvernement, de collaborateurs intelligents, patriotes et
soucieux autant de la dignité que de la prospérité de leur
pays. Parmi ces collaborateurs, il n'est que juste de mention-
ner le ministre des Finances pendant ces quatre dernières
années, M. Mauro Fernández, dont nous avons déjà dû citer
le nom, à propos du développement de l'Instruction publique.

Le **mouvement** des fonds nationaux a été concentré dans
un établissement particulier, la **Banque de l'Union** qui re-
vêt le caractère de Banque nationale. Cet établissement per-
çoit une commission de 1/4 0/0 pour son travail. Cet arrangement est à l'avantage de la nation, puisqu'il supprime une
armée d'employés fiscaux qu'on ne pourrait rémunérer qu'au
moyen de frais certainement plus considérables.

4. Monnaies, poids et mesures. — La **monnaie** généralement en usage à Costa Rica est la piastre papier. Sa valeur est nominalement de 5 francs, mais, en réalité, elle n'est
que d'environ fr. 3.50, l'or jouissant d'une prime de 30
et 50 0/0. Il existe une certaine quantité d'anciens billets

8

du gouvernement, mais, comme nous l'avons vu plus haut, ils diminuent chaque année et ceux qui sont aujourd'hui en circulation sont presque tous émis par la Banque de l'Union. Cet établissement a le monopole de l'émission fiduciaire pour une somme quadruple de son encaisse métallique. Le papier-monnaie est accepté dans toute la République avec la plus grande facilité, et l'argent monnayé ne fait sur lui aucune prime. Les billets dont la valeur est la plus élevée sont de 100 piastres ; la plus petite quantité payable en papier est une piastre.

La monnaie divisionnaire est d'argent et est frappée dans le pays. On rencontre des pièces de 50, 25, 10 et 5 *centavos*, c'est-à-dire centièmes de piastre. Leur loi est de 750 millièmes. Les monnaies d'or frappées jusqu'en 1876, sont aujourd'hui presque introuvables ; on les a presque toutes exportées.

Le système décimal a été adopté pour les monnaies dès 1863.

L'intérêt normal de l'argent, de 12 p. 0/0, il y a quelques années, est aujourd'hui descendu à 9 p. 0/0. A côté de la Banque de l'Union, à qui l'on doit surtout cette baisse du taux de l'intérêt, on ne peut guère citer comme établissement financier de quelque importance que la Banque anglo-costaricienne, dont les affaires ont été très prospères, mais qui a diminué aujourd'hui beaucoup ses opérations.

Le système métrique, adopté pour les **poids et mesures** en 1834, est mis en pratique depuis le 1er juillet de l'année 1888. Comme l'ancien système est encore cependant souvent employé, nous croyons utile de donner ici les noms et l'équivalence des principaux poids et mesures propres au pays.

a. **Poids.** — La livre costaricienne est la livre espagnole de 460 grammes. Vingt-cinq livres font une *arroba* et quatre *arrobas* un quintal ; celui-ci ne pèse donc que 46 kilogrammes.

b. **Mesures de capacité.** — La plus grande mesure de capacité est la *fanega* qui contient presque exactement quatre hectolitres ; elle se divise en 24 *cajuelas* de 16 litres, 66 chacune. Le *cuartillo* est la quatrième partie de la *cajuela*, soit 4 litres. 165.

c. **Mesures de longueur.** — La *vara* costaricienne équivaut à 0 m. 836 ; elle se divise en 36 pouces. La lieue, de 20,000 pieds espagnols, vaut 5 kilomètres 573.

d. **Mesures de superficie.** — La mesure généralement employée est la *manzana* qui contient 10,000 *varas* carrées ; elle équivaut donc à 6,988,96 mètres carrés ou à 69 ares 83,96 mètres carrés. Pour mesurer de très grandes étendues de terrain on se sert de la *caballaria* qui contient 64 3/4 *manzanas*, soit 45 hectares, 25 ares et 35, 16 mètres carrés.

Tous ces poids et mesures sont encore employés journellement, surtout dans les campagnes. Comme on l'a constaté partout ce n'est qu'après une génération au moins que le système métrique, seul enseigné aujourd'hui dans les écoles, prévaudra définitivement et qu'on abandonnera l'ancien système et les anciennes dénominations (1).

(1) On trouvera des détails circonstanciés sur les monnaies et sur les poids et mesures autrefois en cours ou en vigueur, dans le livre déjà cité de J.-J. Calvo « Costa Rica en 1886. »

CHAPITRE VI.

L'AVENIR

Nous avons cherché, dans les chapitres précédents, à exposer les faits d'une façon consciencieuse et vraie. Il ne nous semble pas inutile maintenant d'en tirer quelques conclusions pratiques. Notre travail a un double but : d'une part, dissiper un certain nombre d'erreurs géographiques ou scientifiques, ainsi que beaucoup d'erreurs de jugement, sur Costa Rica ; d'autre part, attirer l'attention des émigrants européens sur cette république encore à peu près inconnue. Quoique le tableau que nous avons essayé de tracer du pays et de ses habitants reste forcément incomplet, ne soit même qu'une légère esquisse, nous ne croyons pas devoir insister encore sur ce premier point. Nous avons surtout tenté de donner la note juste, c'est-à-dire voulu montrer Costa Rica tel qu'il est aujourd'hui. Nous avons, pour cela, puisé aux sources les plus sûres ; nous avons contrôlé la plupart des renseignements qu'elles nous fournissaient ; nos appréciations et nos jugements enfin, que nous n'exposons pas, d'ailleurs, comme indiscutables, sont dictés par l'expérience qu'un séjour suffisant dans le pays nous a permis d'acquérir. L'étude de Costa Rica reste encore à faire ; ce n'est que dans plusieurs années que les matériaux auront été rassemblés en assez grand nombre pour permettre d'écrire un livre complet ; nous ne revendiquons, pour notre part, que le mérite modeste d'avoir, après d'autres, planté un nouveau jalon dans la voie à ouvrir.

La question de l'**émigration** est trop importante pour que nous ne nous efforçions pas de mettre mieux en lumière quelques-unes des conclusions qui doivent ressortir des faits exposés dans le cours de cette étude. « De tous les phénomènes « sociaux, l'émigration est l'un des plus conformes à l'ordre « de la nature, l'un des plus permanents à toutes les époques « de l'histoire. Il est aussi naturel aux hommes, dit Burke, « d'affluer vers les contrées riches et propres à l'industrie, « quand, pour une cause quelconque, la population y est fai- « ble, qu'il est naturel à l'air comprimé de se précipiter dans « les couches d'air raréfié (1). » Ce passage que nous empruntons au savant économiste M. Paul Leroy-Beaulieu, et où se trouve de plus cité un nom d'une haute valeur politique, exprime une pensée qu'on ne discute plus aujourd'hui. Pour la plupart des pays d'Europe, l'émigration est non seulement un fait, mais un besoin annuel, c'est la saignée salutaire qui empêche la pléthore.

Le large **courant d'émigrants** qui part de l'Ancien Monde suit la marche naturelle de l'humanité ; il se dirige à l'ouest. Au delà de l'Atlantique, deux grands continents, connus de la grande majorité des hommes depuis quatre siècles seulement, offrent encore de larges espaces inoccupés, des richesses incalculables à peine en exploitation. Le courant, qui varie

---

(1) *De la colonisation chez les peuples modernes*, par M. Paul Leroy-Beaulieu, page 467. Paris, Guillaumin et Cie.

de forme et d'intensité avec les époques, a actuellement deux bras principaux : l'un se dirige à l'ouest et déverse son flot de population sur les États-Unis, l'autre, plus récent, oblique fortement au sud et pénètre dans l'estuaire du Rio de la Plata d'où il inonde la République Argentine. Dans les premiers siècles qui suivirent la découverte de l'Amérique, le courant d'émigration était autre. Unique, il se dirigeait sur l'archipel des Antilles, et, de là, rayonnait sur les régions comprises entre les deux tropiques.

Le changement actuel de direction s'explique facilement. Ce que la grande masse des émigrants du XVI° et du XVII° siècle allaient chercher en Amérique, c'était la fortune facile, c'était la mine d'or qui leur permît de revenir riches au bout de quelques années en Europe, et de finir leurs jours dans leur pays natal. Ce que l'émigrant d'aujourd'hui désire, c'est un coin de terre pour y bâtir sa maison, des champs pour les ensemencer, ce n'est pas la fortune inespérée, c'est une tranquille aisance, c'est l'oubli de la misère et de la lutte terrible pour l'existence; c'est, en un mot, le calme et la paix au sein d'une nouvelle patrie. On comprend que, dans ces conditions, l'Européen se porte de préférence vers les régions tempérées au nord et au sud des tropiques qui lui rappellent davantage la patrie abandonnée et lui évitent de passer par une acclimatation quelquefois difficile. Ce fut naurel aussi à l'origine, puisque, réputées autrefois moins ri-ches en métaux précieux, elles étaient moins peuplées que les régions tropicales et offraient plus de champ libre à la colonisation.

Toutefois le moment actuel est un moment critique. Les États-Unis et la République Argentine commencent — malgré leurs immenses territoires encore inoccupés — à se peupler outre mesure sur certains points. On oppose déjà des digues, dans le premier de ces deux pays, au flot de l'émigration. Contrarié dans sa marche, celui-ci est obligé de chercher une autre route que celle qu'il suivait depuis bien longtemps. Où se dirigera-t-il? Nous croyons le moment venu pour lui de reprendre son cours primitif. Les pays de l'Amérique espagnole ont perdu leur réputation d'Eldorado; ils gardent leur fertilité. Ils auront toujours la vraie richesse, celle du sol, sans cesse renaissante. D'immenses régions n'attendent que la pelle et la pioche pour produire non les *trésors* qu'on leur a demandés pendant longtemps, mais des *récoltes* abondantes; non de l'or, mais des moissons dorées.

Entre toutes les républiques latines de l'Amérique, Costa Rica occupe certainement un des premiers rangs, si on les classe suivant les avantages et les ressources que chacune d'elles offre à l'émigration. Peu de pays ont en perspective un plus brillant avenir. Son climat est salubre, tempéré, et comparable à un perpétuel printemps ; la fertilité de son sol a fait sa richesse actuelle et la garantit ; sa position est certes privilégiée ; la faiblesse numérique de sa population lui permettra d'accueillir pendant longtemps les étrangers,non comme une charge, mais comme un bienfait.

Où trouver, en effet, un meilleur terrain pour l'émigration et l'emploi fructueux des capitaux étrangers? L'agriculture manque de bras ; elle les demande à grands cris et plus elle en aura à sa disposition, plus elle sera la source féconde de la richesse non seulement de quelques-uns, mais du pays tout entier. Les terres en friche sont nombreuses, d'une fertilité reconnue,et leur prix en permet l'achat aux capitaux les plus

minimes ; pour qui veut faire usage de ses bras, elles ne coûtent même que le travail de la mise en culture. La main d'œuvre de métier atteint un prix très élevé ; les bons ouvriers
sont assurés d'une excellente rénumération de leur travail.
L'activité industrielle a un large champ ouvert devant elle ;
plusieurs industries s'introduiraient avec profit ; le développement de celles qui y sont déjà implantées donneraient de
très beaux résultats. Les capitaux rendent au moins le double
de ce qu'ils produisent en Europe, si l'on s'en rapporte unique-
ment au taux de l'argent : ce rendement est beaucoup plus
considérable si l'on considère le revenu des terres, le gain du
commerce ou les bénéfices de l'industrie.

On parle beaucoup, il est vrai. en Europe de l'instabilité
des gouvernements et du peu de sécurité qu'offrent les tran-
sactions dans les républiques hispano-américaines. Cette opinion est erronée en ce qui concerne Costa Rica. Le pays n'a
presque pas connu les révolutions ; il est aujourd'hui sagement gouverné ; ses finances sont prospères et son état
de civilisation le met à l'abri de tout changement ré-
trograde. On se représente aussi tous les pays de l'Amérique centrale, depuis l'isthme de Panama jusqu'au Mexique
comme excessivement malsains. C'est une complète erreur :
Costa Rica n'est pas Panama, ni la côte des Mosquitos. Le
climat est au contraire, comme nous l'avons répété plusieurs
fois, tout à fait salubre, plutôt tempéré que chaud. S'il existe
encore dans le pays, comme partout, des régions malsaines,
elles s'assainiront sans aucun doute, avec le défrichement, et,
d'ailleurs les terres disponibles sont si nombreuses que, de longtemps encore, l'émigrant n'aura pas besoin de s'établir dans
celles qui ne lui donneraient pas toute satisfaction. Une troi-

sième erreur, trop répandue et que nous avons cherché à
combattre en exposant l'état de civilisation auquel est arrivé
Costa Rica, consiste à croire que ce pays est encore à moitié
plongé dans la barbarie et l'ignorance. Cette appréciation est
entièrement fausse; l'aspect des villes, le caractère des habitants, les progrès de l'instruction publique, la sagesse admi-
nistrative du gouvernement et le développement du commerce
en sont la preuve. Le monopole de la civilisation n'appartient
plus à l'Europe; il est vrai que d'elle est sortie la lumière,
mais le flambeau brille maintenant dans bien des endroits
jadis plongés dans les ténèbres, et Costa Rica peut se vanter
avec raison d'avoir atteint en peu d'années un degré de culture
enviable.

On pourra faire à l'émigration pour Costa Rica deux objec-
tions plus sérieuses, mais qui ne sont point aussi redoutables
qu'elles le paraissent à première vue. La première consiste en
la cherté de la vie; la seconde naîtrait du souvenir de quelques tentatives malheureuses de colonisation risquées autrefois dans des conditions tout à fait déplorables.

La première objection tombe facilement. La vie est chère
à Costa Rica, j'en conviens; mais cette cherté est bien com-
pensée par le taux des salaires. La vie est chère parce que le
pays est riche; il n'est pas besoin dans de longues consi-
dérations d'économie politique pour le prouver; les Etats-
Unis nous dispensent d'une démonstration inopportune.
D'ailleurs tout n'est pas cher. L'Européen qui arrive dans
le pays doit chercher à s'habituer promptement à la manière
de vivre en usage. Ce qui est cher c'est de vouloir conserver
intactes les coutumes de la vie européenne. L'émigrant d'Europe devra être supporter quelques privations qui ne dure-

ront d'ailleurs qu'autant que l'habitude n'aura pas été perdue. Il fera bien, par exemple, de renoncer au vin qu'il peut boire en France ou à la bière qui ne lui coûte presque rien en Allemagne. Les haricots prendront la place des pommes de terre dans son alimentation principale. Mais sont-ce là de graves inconvénients ? Nous ne le pensons pas, et nous n'aurions pas même parlé de règles de conduite aussi élémentaires, si l'expérience ne nous avait pas démontré plusieurs fois l'utilité d'insister sur ce point.

Du fait, que quelques tentatives de colonisation à Costa Rica, n'ont pas donné les résultats qu'en attendaient ceux qui les avaient entreprises, on ne saurait déduire que l'émigration soit à déconseiller. La meilleure entreprise peut devenir malheureuse, si elle est mal conduite. Loin de nous, l'idée de jeter la pierre aux colons étrangers venus les premiers à Costa Rica. Ces tentatives datent d'un certain nombre d'années, déjà et le pays n'était certes pas il y a, vingt ou trente ans, ce qu'il est aujourd'hui. Il leur fallut lutter donc contre des obstacles qui ont disparu maintenant.

Cependant nous croyons que si les projets avaient été plus longuement mûris, et le terrain mieux étudié, on n'aurait pas eu à regretter la non réussite des entreprises. C'est une grande erreur — malheureusement trop commune — que de croire que les colonies se fondent d'un seul coup. A Costa Rica, pas plus qu'ailleurs, on ne saurait songer à voir villes et villages sortir de terre comme par enchantement, dans des lieux autrefois déserts. Certaines circonstances rares, l'affluence subite de la population dans une région riche en mines d'or, par exemple, permirent ces prodiges. Pres-

que toujours les colonies ont d'humbles débuts. Les défrichements se font peu à peu. Il faut qu'un premier champ
ait été ensemencé et produise déjà de quoi nourrir un
certain nombre d'individus, pour qu'un groupe puisse se
former et la colonie se constituer sans crainte de périr
misérablement. Dans le cas exceptionnel cité plus haut,
c'est au poids de l'or que les émigrants achètent de quoi
subvenir à leurs premiers besoins. Mais les colons agricoles
sont toujours pauvres à leur arrivée ; ils ne peuvent compter que sur le travail de leurs bras. En attendant que la forêt
ait été jetée à bas, que les semences aient été confiées à la
terre, que le premier grain de blé ou de maïs puisse être récolté, de quoi vivront-ils ? De quoi vivront-ils, surtout loin
des habitations d'autres hommes, dans des régions encore à
peu près désertes où les denrées alimentaires ne parviennent
qu'avec la plus grande difficulté ? Ils souffriront mille maux ;
ils perdront la confiance et l'espoir dont ils étaient armés à l'o-
rigine et, dégoûtés du travail, soupirant après la condition dans
laquelle ils se trouvaient autrefois et dont ils ne voient plus
que les beaux côtés, ils abandonneront l'un après l'autre leur
dure entreprise. Ceci seul explique ce qui s'est passé à Costa
Rica et ce qui s'y passerait encore si l'on y entreprenait l'é-
migration dans les mêmes conditions. Il ne faut pas songer
à y transplanter des colonies entières tout d'un coup, à moins
que ce ne soit dans un terrain préparé longtemps à l'avance,
déjà en partie en cultivé et pouvant subvenir aux premiers
besoins des nouveau venus.

Costa Rica cependant désire l'arrivée des émigrants. Nous
avons même démontré plus haut qu'ils étaient pour ce pays
presque une nécessité,et,en tout cas,une condition de sa pros-

périté future. En parlant des colonies, l'économiste que nous avons déjà cité dit : « Les seuls émigrants dont les colonies « retirent quelque avantage, ce sont les jeunes gens vigou- « reux, pleins de courage et de patience ; les enquêtes an- « glaises ont prouvé qu'au-dessous de 16 ans et au-dessus de « 40 ans, l'émigration était plutôt une charge qu'une res- « source pour les colonies » (1). Quoiqu'il ne s'agisse pas ici de métropole et de colonies, nous nous rallions entièrement à l'opinion émise dans les lignes que nous venons de trans- crire. Ce qu'il faut à Costa Rica, ce sont des jeunes gens ou des hommes faits, tant qu'ils ne dépassent pas une certaine limite d'âge ; mais il les faut surtout *vigoureux, pleins de courage et de patience.* Une erreur assez commune chez les émigrants consiste à croire que la vie sera de toute manière plus facile pour eux dans les pays d'outre-mer. Nous n'hési- tons pas à le dire, elle est souvent *plus dure* à l'origine. L'Amérique offre cet avantage que la sueur y est plus fé- conde, que le travail y est plus rémunérateur et qu'une fois les premières difficultés vaincues, l'aisance s'y acquiert plus facilement. Mais celle-ci ne s'obtient pas sans peine ; il faut de la vigueur, il faut du courage et de la persévérance.

Il faut autre chose encore. L'homme faible, le lâche ou l'in- constant ne gagneront pas même leur vie ; celui qui ne sait rien faire ne réussira pas davantage. Costa Rica est un pays neuf, mais c'est aussi un pays qui progresse chaque année. On exige de l'étranger non seulement qu'il *travaille bien*, mais encore qu'il *travaille mieux* que l'ouvrier indigène.

(1) P. Leroy-Beaulieu, ouv. cit., p. 481.

S'il se montre bon artisan, bon cultivateur, bon industriel, son mérite sera promptement reconnu ; s'il travaille
mal ou même médiocrement, on se détournera de
lui non sans raison. Il faut aussi avoir plus d'une corde
à son arc. Dans un pays où les bras manquent, on est
souvent obligé de se mettre à tout. Chacun ne doit compter
que sur son intelligence et sur ses forces.

Malgré tous les avantages qu'on pourrait lui offrir, l'émigrant ne doit pas non plus arriver sans ressources. Quel que
soit le travail qu'il compte entreprendre, des fonds lui sont
toujours nécessaires pour son premier établissement. Et
pour attendre les premiers gains, s'il ne veut pas être à la
charge d'autrui ou commencer par contracter une dette
qu'il n'éteindra ensuite pas facilement. De toute manière, un
petit capital lui assurera l'indépendance ; le manque complet
de ressources propres risque fort de l'empêcher de l'acquérir de longtemps.

Une bonne immigration ne comptera donc dans ses rangs
ni gens faibles, ni personnes inutiles, ni individus complètement misérables. Ceux-là ne réussiront pas à Costa Rica. Les
forts, les persévérants, les habiles, ceux qui possèdent quelques ressources y ont, au contraire, leur avenir assuré. *On désire surtout des agriculteurs, des artisans sachant bien
leur métier et des ouvriers industriels capables d'entreprendre eux-mêmes les mille petites industries productives
qui manquent encore dans le pays.*

Les pays qui font appel à l'immigration ont toujours pris
des mesures pour aider les émigrants. Costa Rica n'entend
pas rester en arrière sur ce point. Comme preuve à l'appui,
nous pouvons citer le fait suivant : à la fin de l'année 1888,

plus d'un millier d'Italiens occupés aux travaux de la ligne du chemin de fer en construction abandonnèrent leur travail demandant à être rapatriés (1). Désireux de garder, en partie du moins, dans le pays cette immigration déjà sur place, le gouvernement offrit aussitôt aux Italiens, qui le désireraient, de faire venir leurs familles à ses frais. Quelques-uns acceptèrent l'offre et sont aujourd'hui définitivement établis à Costa Rica. La grande majorité cependant préféra regagner ses foyers à la suite d'un arrangement conclu avec une agence maritime. La décision du gouvernement à l'égard des familles italiennes peut être-prise de nouveau en faveur d'autres émigrants. Nous croyons de même pouvoir affirmer que promptement une somme assez importante du budget sera destinée à encourager l'immigration, soit en payant le passage des émigrants, soit en leur assurant à leur arrivée ici, des moyens de subsistance immédiats.

De toute manière les *renseignements* seront faciles à prendre. Costa Rica possède des consuls dans les principales villes d'Europe et des Etats-Unis. Ils fourniront à ceux qui en feront la demande toutes les explications désirables et transmettront volontiers à leur gouvernement les propositions qui leur seront faites par les personnes qui désirent s'expatrier. Mon-

---

(1) Nous n'avons pas à juger le différend survenu entre l'entreprise du chemin de fer et les Italiens qui avaient été engagés pour les travaux. Nous dirons cependant qu'aucun d'eux n'a eu le moindre sujet de plainte vis à vis la population de Costa Rica qui les a secourus et hébergés pendant plusieurs semaines avec un dévouement digne d'éloges. Quelques journaux d'Europe ont accueilli des correspondances qui faisaient retomber sur le pays tout entier les infortunes des ouvriers, triste conséquence de l'abandon des travaux. Comme témoin oculaire des évènements, nous croyons de notre devoir de démentir formellement ces récits mensongers qui ne prouvent que la noire ingratitude de leurs auteurs.

sieur le Consul général résidant à Paris se chargera spécialement de recevoir les demandes et c'est à lui qu'on devra s'a-
dresser de préférence (1).

Nous nous tenons nous-mêmes à la disposition de tous ceux
qui voudraient des détails plus précis, sur des points qui
pourraient les intéresser particulièrement. Nous serons très
heureux, si ce que nous avons exposé, sans réticence ni exa-
gération d'aucun genre, est utile aux hommes qui cherchent
une nouvelle patrie.

(1) Ecrire à M. E. Palacios, Consul Général de Costa Rica en France,
rue des Petites Ecuries, 28, Paris.

TABLE DES MATIÈRES

Paris. — Imp. des Écoles et de la Faculté de Médecine, HENRI JOUVE, 23, rue Racine.

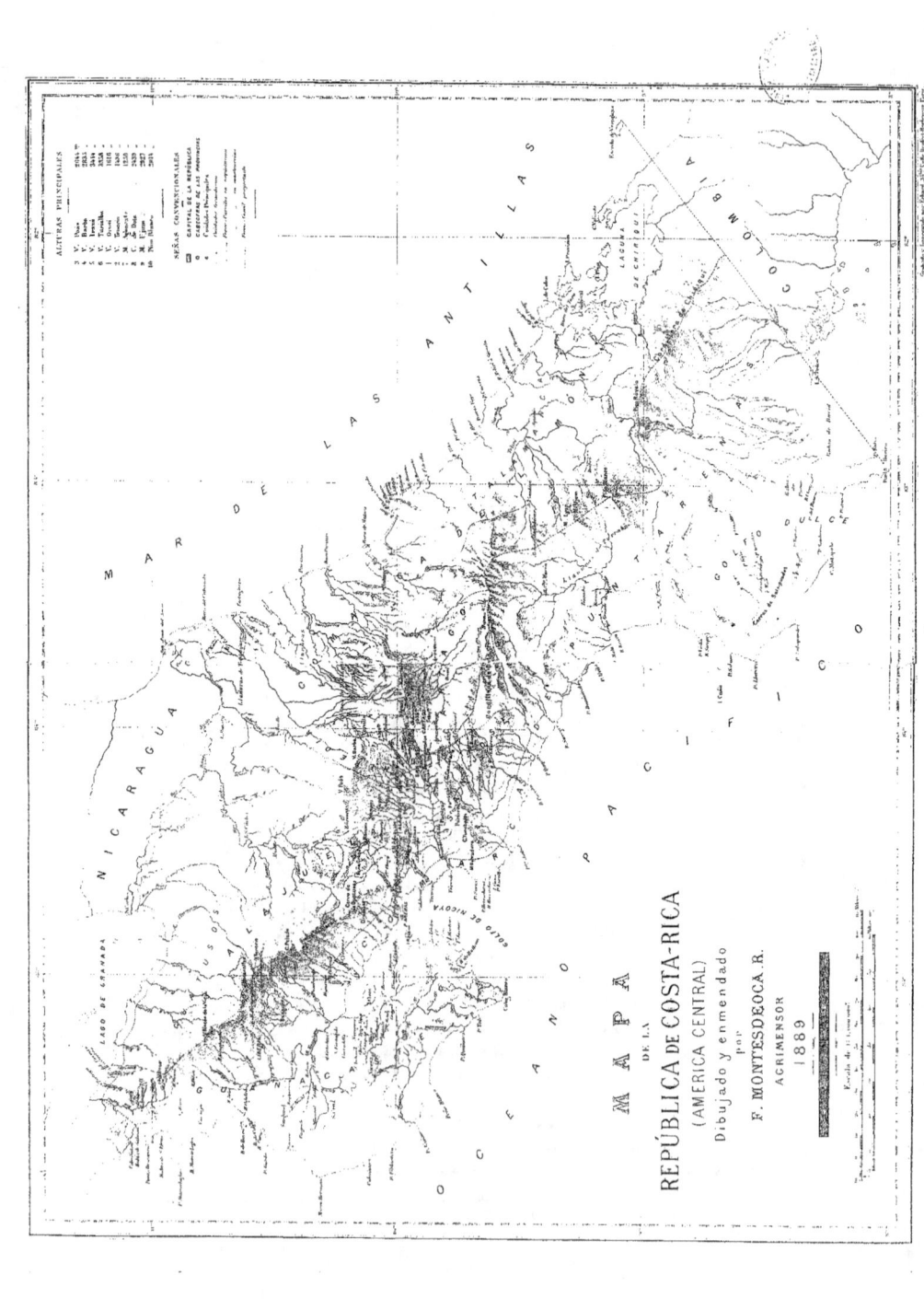

MAPA
DE LA
REPÚBLICA DE COSTA-RICA
(AMERICA CENTRAL)
Dibujado y enmendado
por
F. MONTESDEOCA R.
AGRIMENSOR
1889

Escala de 1:1.000.000

www.ingramcontent.com/pod-product-compliance
Lightning Source LLC
Chambersburg PA
CBHW060812250626
47162CB00005B/1752